SHODENSHA SHINSHO

魔は細部に宿る

危機管理の落とし穴

晴彦

祥伝社新書

はじめに

筆者の大先輩に当たる佐々淳行《さっさあつゆき》先生が、名著『危機管理のノウハウ』（PHP研究所）を1979年に上梓されて以来、危機管理という言葉は世間に着実に広まっていった。出版物もどんどん増え、アマゾンで「危機管理」と検索すると900件以上の書籍がヒットする。今日では、危機管理は管理職にとっての基礎教養の一つになったといっても過言ではあるまい。

しかし、通勤電車の中で危機管理関連の書籍を読み進むうちに、「またこの話か……」とうんざりした経験を持つ読者は決して少なくないだろう。詰まるところは、「正確な情報を収集することが肝心だ」「トップがリーダーシップを発揮せよ」「危機管理マニュアルを整備して訓練を反復せよ」の3点の原則を冗長に説明しているだけである。

もちろんこの3点が間違いというわけではない。しかし、こうした原則論だけで何とかなるほど危機管理は甘いものではないと申し上げたい。

筆者は、危機管理を担当する部門の在籍経験が長く、内閣安全保障室にも2年半勤務して、ペルー大使公邸人質事件やナホトカ号重油流出事件を担当し、内閣の危機管理体制の強化策の立案に当たった。それ以外にも、日航機御巣鷹山《おすたかやま》墜落事故、湾岸戦争、オウム真理教事件、東海大水害など様々な危機管理に従事した。

その実経験を踏まえると、危機管理とは、「上手くいかなくて当たり前」である。何しろ緊急事態がひとたび生起すると、限られた時間、限られた情報、限られた選択肢、限られた対処体制の中で、何とか収拾に持ち込まないといけない。

「正確な情報を収集することが肝心だ」とお題目を繰り返しても、実際には必ず情報は不足し、ようやく入ってきた情報も虚実錯綜しているのが常である。また、日本のトップのほとんどは「調整型リーダー」であるため、最悪の事態を想定することを無意識のうちに避け、判断を先延ばしにする傾向が強い。そして、いかに精緻《せいち》なマニュアルを作成しようとも、現実の事態に適合しない面が多々出てくるものだ。

結局のところ、危機管理の渦中では、様々な失敗が起きるのは当然であり、状況の変化に合わせて知恵をしぼって、少しでもベターな解決を模索していく以外にない。そこで必要とされるのは、マニュアル化された原則論の回答ではなく、様々な要素を組み合わせて分析する知性と、具体的な対策を編み出していく概念化能力、そしてバランスを持って全体の得失を判断する大局観である。そうした能力を鍛えるための一助に本書をご利用いただきたい。

本書の基本構成は、事件事故や戦史などの様々なエピソードを危機管理の観点から論考したものである。その中には、東日本大震災やセウォル号沈没事故のようによく知られたエピソードも含まれているが、読者がこれまで抱いてきたイメージとはまったく別次元の内容であることに驚かれるはずだ。しかし、それこそが危機管理の実相である。

残念ながら、この日本では、受け売りの情報を垂れ流すだけのマスコミや、毒にも薬にもならない浅薄なコメントを繰り返す有識者、ドロドロした部分を削ってプロジェクトXのような美談を仕立てる書籍の影響により、最もリアルであるべき危機管理が生温かい幻想と化してしまっている。本書を通じて、危機管理の奥の深さや怖さの一部でもご理解いただければ幸甚である。

本書を通じて流れる冷徹な危機管理の思考に馴染《なじ》めない読者も少なくないことだろう。たとえ反発を感じたとしても、それはそれでよい。「これまで当然と思っていたものとは違った考え方が世の中に存在する」と認識するだけで十分である。自分と異なる思考に触れることは、それだけで意義があるとお考えいただきたい。

本書の執筆に当たって様々な形でお世話になった皆様に対し、あらためて心からの謝意を表する。最後に、わが子の美里と芳晴に本書を捧げる。お前たちの歩む未来をより良いものとするために、この本がわずかでも役立つことを父は願っている。

目　次

第2章　危機管理の極意　49

目次

第3章　日本の安全保障

第5章　歴史に学ぶ（幕末・明治編）　187

第1章

東日本大震災を振り返る

第1講　自らの判断で行動してわが身を守れ
～福島第一原発事故と自助の心構え～

極秘メールの噂

福島第一原発事故が発生してから月日が流れ、ようやく冷静な議論ができるようになったものと期待して、本節では、非常にセンシティブなテーマから話を始めることにしよう。

先日、ある勉強会で同席した企業経営者から、「福島第一原発事故の際、あなたたち霞《かすみ》が関《せき》の官僚の間に、『危険だからすぐに避難するように』との極秘のメールが流れたでしょう」と話を向けられた。

少なくとも筆者の知る限り、そうした事実は一切ない。そもそもこのご時世に、そんなメールを出したことがマスコミに漏《も》れたら、それこそ袋叩きにされてしまう。最近は官僚のレベルもだいぶ落ちたが、そこまで馬鹿な奴はいませんよと説明したが、その方は、「いや、絶対に流れたはずだ」と納得してくれない。話を詳しくうかがってみると、当時、知り合いの某官僚が一家揃《そろ》って姿を消したという。

そこで筆者は、「それは、極秘情報を得たからではないでしょう。原発について知識がある人ならば、誰でも避難のことを考えたのではないですか」と申し上げた。そして、「実は、私も両親を福岡に疎開させました」と付け足した。

絶望的なシナリオ

２０１１年3月12日、前夜に職場から40㎞歩いて自宅に帰った筆者は、筋肉痛で痛む足をさすりながら、被災状況を伝えるテレビ画面にひたすら見入っていた。そこに飛び込んできたのが、福島第一原発１号機の建屋が爆発する映像である。「これで東京もおしまいだ」と思わずつぶやいた。

筆者は、危機管理を研究テーマとしている関係で、原発の構造についても勉強している。そのため、あの爆発は原子炉の格納容器内の水蒸気爆発であり、格納容器が大きく破損して大量の放射性物質が放出されたに違いないと判断した。ちなみに、格納容器から漏れ出した水素が建屋内に充満して爆発するという今回のパターンは、それまで研究者の間でまったく想定されていなかったように思う。

私の判断が正しければ、現地での屋外作業はもはや不可能である。かつてチェルノブイリ事故の時には、ソ連政府が事情を知らない作業員を現地に送り込んで「石棺」をこしらえたが、この日本でそんな非道なことができるわけもない。何も対策を打てなければ、やがて2号機、3号機も爆発するだろうと、頭の中を絶望的なシナリオが駆け巡《めぐ》った。

簡単に買えた切符

おそらく数日中には、放射能汚染を逃れるために関東地域から未曾有《みぞう》の大脱出が開始されるはずである。筆者は研究職で50歳のロートルだったが、警察官である以上、その務《つと》めを果たさなければいけない。どんな任務を命ぜられるかはわからないが、明日にでも非常招集がかけられるだろうと予想した。

そうなると、今のうちに家族だけでも避難の手はずを整えておかないといけない。長女は小学4年生、長男は3歳と幼く、千葉の実家には80歳近い老父母がいる。とにかく福岡に住んでいる兄のところに疎開させようと、渋谷駅に切符を買いに行った。

その途中、夕暮れの公園では、少年たちがサッカーをしていた。こうした平和な光景も今日で見納めなのだと思うと、目頭が熱くなってきた。ところがそのうちに「何かおかしい」と感じるようになった。あれほど繰り返し爆発の映像がテレビで流れているのに、周囲の人々は全然殺気立《さつき》っていないのだ。

長距離切符を扱う「みどりの窓口」は、避難しようとする人々で長蛇の列になっているものと覚悟していた。ところがそこもがらがらである。いともたやすく新幹線の切符が手に入ったことに拍子抜けした。さらに、万一に備えて自家用車にガソリンを入れに行ったが、ガソリンスタンドも普段どおりであった。

その後、放射線の計測値などから、原子炉格納容器はそれほど破損していないことがわかったが、依然として予断を許さぬ状況である。長女の小学校の関係があるので妻子はそのまま東京にとどめたが、取りあえず老父母だけは福岡の兄のもとに送り出した。

外資系企業の反応こそ常識的

結局、関係者の尽力のおかげで最悪の事態は回避された。筆者の行動はまったくの空振りに終わり、自分でも過敏すぎたと思わないわけでもない。しかし、「日本国民はパニックに陥《おちい》ることなく、冷静に対応した」という評価には釈然としないものがある。

当時、外資系企業が社員をどんどん日本から引き揚げたことに対し、マスコミは過剰反応と批判した。しかし筆者としては、外資系企業の反応は常識的であって、むしろ日本側がリスク管理に鈍感すぎたように感じられてならないのだ。

あれほどの爆発が起きるくらいだから、福島原発の状況は極《きわ》めて危機的と考えるのが自然である。建屋内の水素爆発と判明しても、そもそも水素が発生したという事実は極めて重い。燃料棒が異常な高温になった時に、燃料棒の鞘《さや》のジルコニウム合金が冷却水と化学反応を起こして水素が発生する。つまり、水素の発生は炉心のメルトダウンとイコールである。

もしも最悪の事態が起きていたらと考えていただきたい。もともと日本では市民防衛の準備がなく、いざ大脱出という事態に対応する体制もノウハウもない。実際にも、福島第一原発周辺からの避難に際して、輸送中の不手際でお年寄りが亡くなる悲劇が発生している。

関東地方には日本の人口の30%が集中する。その人々が交通機関に殺到すれば、ゴールデンウィークの時とは比較にならないぐらい、凄《すさ》まじい混雑と混乱に陥るのは自明である。それを考えれば、少なくとも西部地方に親類縁者のいる方は、お年寄りや幼児、入院患者などの弱者をあらかじめ疎開させたほうがよかったのではないだろうか。

この件に関連して、エピソードを一つご紹介しよう。太平洋戦争中に日本はB29の爆撃によって都市部を焼け野原にされた。ところが、そのような攻撃を予測していなかったわけではない。すでに戦前から軍人の間では、将来の戦争では長距離爆撃機による都市攻撃が行なわれることは当然視されていたし、米国がＢ29の開発を始めたことも日本側は承知していた。

ところが、Ｂ29による本土爆撃が１９４４年６月に開始された一方で、学童疎開がスタートしたのは１９４４年８月だった。さらに、兵器工場などの工場疎開は１９４５年２月からである。このように後手にまわってしまったのは、東條英機《とうじょうひでき》首相が「疎開は国民の士気に悪影響を及ぼす」と判断したためであった。

「自助」の発想が不足している日本人

原発に対してさほど知識のない方でも、あの爆発映像を見て、不安にかられたことは間違いあるまい。「それでは、どうして家族を避難させなかったのか」と何人かに尋ねてみると、「周りの人がそうしなかったから」という答えが戻ってきた。おそらくこれが最大公約数的な考えだろう。

今回の震災では、石油産業がダメージを受けたと報道されると、ガソリンスタンドに自動車が列をなし、放射性物質の飛散状況が報道されると、店頭からミネラルウォーターが消えた。つまり、「日本国民はパニックに陥ることなく、冷静に対応した」のではなく、マスコミに刺激されると、とたんに雪崩《なだれ》を打って動き始めている。

日本人の特徴として、周囲と行動を合わせようとする集団思考が非常に強いからだろう。言い換えると、自らの判断で行動してわが身を守るという「自助」の発想に乏《とぼ》しいということだ。

今回は、最悪の事態が回避されたので結果オーライとなったが、次回の危機ではどうなるかわからない。周囲の様子を見ていて避難のタイミングを失するかもしれないし、「みんなが始めたから」と一斉《いっせい》にパニック行動を起こす可能性もある。

米国人のように、銃器で武装してまで「自助」に徹するのはやりすぎである。しかし日本人は、もう少し「自助」の発想を持ってもよいのではないだろうか。

第2講　福島第一原発はなぜ電源を喪失したのか
〜設計における抗堪《こうたん》性の視点〜

地震による外部電源の途絶

抗堪性（ダメージに耐《た》えて機能を維持する能力）の視点から、福島第一原発事故を分析することとしよう。まずは同事故の原因メカニズムについて簡単に説明する。

東北地方太平洋沖地震により、福島第一原発で稼働中の1〜3号機は自動停止した（4〜6号機は定期点検のためにもともと停止中）。原子炉停止後も核燃料はじわじわと崩壊熱を出すので、冷却を続ける必要がある。しかし同原発では、外部電源が途絶するとともに、所内の非常用発電施設も被害を受けて電源喪失状態に陥ったため、核燃料を十分に冷却できずにメルトダウンに至ったのである。

外部電源としては、新福島変電所から6回線（大熊《おおくま》線1L〜4L及び夜《よ》の森《もり》線1L・2L）の高圧交流電源が福島第一原発に供給されていた。地震発生時には、大熊線3Lが工事のため停電中であったが、残りの5回線は使用可能だった。

このうち大熊線1L・2Lの2回線は、開閉所（高圧電流を降圧するための設備）で地震により遮断器の部品が落下して破損したため、保護装置が作動して停止した。残りの大熊線4L及び夜の森線1L・2Lの3回線は、地震の激しい揺れによって電線を支える碍子《がいし》が破損し、電線と鉄塔が接触したために保護装置が作動したとされる。

つまり、外部電源の喪失は、津波の襲来とは関係なく、もっぱら地震の揺れによって引き起こされたものだった。夜の森線1L・2Lについては、両線を支えていた鉄塔が、隣接地（盛土）の土砂崩壊に巻き込まれて倒壊するというおまけまで付いている。非常対策の柱の一つである外部電源が、どうしてこれほど地震に脆弱《ぜいじやく》だったのだろうか。

多重防護に対する「甘え」

実は、大規模地震の発生時に外部電源の送電網がダメージを受けることは、ある程度まで予想されていた。その理由としては、陶器製の碍子が地震の揺れで割れてしまうことや、山間部など土砂崩壊のリスクが高い場所に送電鉄塔が設置されていることが挙げられる。

こうした問題を承知しながら、電力会社側が事前に対策を取っていなかったのは、「たとえ外部電源が潰《つぶ》れても、原発内に非常用発電施設があるから大丈夫」という心理に陥っていためである。非常用発電施設という「最後の砦《とりで》」に寄りかかり、外部電源の安全対策を突き詰めることを怠《おこた》っていたのだ。

実は、１９９９年にＪＣＯの東海事業所で発生した臨界事故のケースでも、同様の問題が発生していた。科学技術庁の許可を受けた本来の作業工程は、多重防護の発想に基づき、十分すぎるほどの安全余裕を持っていた。その安全余裕に関係者が甘えて、「作業工程を少しいじっても大丈夫」という心理が生じ、工程の違法な変更を続けているうちに、ついに大事故を引き起こしてしまったのである。

多重防護の発想は、危険物を扱う現場では無くてはならないものだ。しかし、多重防護で安全が確保されているという安心感のせいで、それを運用する人間の側に緊張感がだんだんと失われ、やがては多重防護を当てにした行動を取るようになってしまう。安全対策をしっかり整備している現場ほど、こうした「甘え」の心理が発生しやすいことに留意《りゅうい》すべきであろう。

なぜ非常用電源を使えなかったのか

次に、福島第一原発内での非常用発電について検証しよう。27頁の表「非常用施設の被害状況」を見ていただきたい。DG（非常用ディーゼル発電機）は、1～6号機のそれぞれにA系・B系の2基、さらに6号機にはプラスアルファとしてHPCS（高圧炉心スプレイ）用の1基、あわせて13基が設置されていた。このうち津波により被水して使用不能となったのは、1号機と3号機のA系・B系、2号機と4号機のA系の計6基だけであった。

残りの7基のDGは、津波による直接の被害を受けていない。ところが、5号機のA系・B系及び6号機のA系・HPCS用の計4基は、関連機器やポンプの被水によって使用不能となった。これらのDGは海水冷却式であったが、海岸近くに設置されていたDGの冷却システムが津波で被災したのである。

それでも2号機・4号機・6号機のB系は、いずれも空気冷却式のため無事であった。3基のDGが健在だったのに、どうして電源喪失に陥ってしまったのだろうか。

原子炉の冷却装置に電気を流すには、発電装置のDGだけでなく、その電気を流すための配電盤、M／C（高電圧回路〔6900V〕用の配電盤）とP／C（低電圧回路〔480V〕用の配電盤）の両方が揃っていなければならない。表が示すように2号機と4号機では、配電盤が被水して使用不能となってしまったのである。

DG・M／C・P／Cが揃って生き残ったのは6号機だけであった。電源喪失状態となっ

非常用施設の被害状況

	１号機			２号機			３号機		
	機器	設置場所	機能	機器	設置場所	機能	機器	設置場所	機能
非常用ＤＧ	１Ａ	Ｔ/Ｂ 地下１階	被水	２Ａ	Ｔ/Ｂ 地下１階	被水	３Ａ	Ｔ/Ｂ 地下１階	被水
	１Ｂ	Ｔ/Ｂ 地下１階	被水	２Ｂ	共用施設 １階	○	３Ｂ	Ｔ/Ｂ 地下１階	被水
非常用Ｍ/Ｃ	１Ｃ	Ｔ/Ｂ １階	被水	２Ｃ	Ｔ/Ｂ 地下１階	被水	３Ｃ	Ｔ/Ｂ 地下１階	被水
	１Ｄ	Ｔ/Ｂ １階	被水	２Ｄ	Ｔ/Ｂ 地下１階	被水	３Ｄ	Ｔ/Ｂ 地下１階	被水
				２Ｅ	共用施設 地下１階	被水			
非常用Ｐ/Ｃ	１Ｃ	Ｃ/Ｂ 地下１階	被水	２Ｃ	Ｔ/Ｂ １階	○	３Ｃ	Ｔ/Ｂ 地下１階	被水
	１Ｄ	Ｃ/Ｂ 地下１階	被水	２Ｄ	Ｔ/Ｂ １階	○	３Ｄ	Ｔ/Ｂ 地下１階	被水
				２Ｅ	共用施設 地下１階	被水			

	４号機			５号機			６号機		
	機器	設置場所	機能	機器	設置場所	機能	機器	設置場所	機能
非常用ＤＧ	４Ａ	Ｔ/Ｂ 地下１階	被水	５Ａ	Ｔ/Ｂ 地下１階	関連機器の被水	６Ａ	Ｒ/Ｂ 地下１階	ポンプの被水
	４Ｂ	共用施設 １階	○	５Ｂ	Ｔ/Ｂ 地下１階	関連機器の被水	６Ｂ	ＤＧ建屋 １階	○
							HPCS用	Ｒ/Ｂ 地下１階	ポンプの被水
非常用Ｍ/Ｃ	４Ｃ	Ｔ/Ｂ 地下１階	被水	５Ｃ	Ｔ/Ｂ 地下１階	被水	６Ｃ	Ｒ/Ｂ 地下２階	○
	４Ｄ	Ｔ/Ｂ 地下１階	被水	５Ｄ	Ｔ/Ｂ 地下１階	被水	６Ｄ	Ｒ/Ｂ 地下１階	○
	４Ｅ	共用施設 地下１階	被水				HPCS用	Ｒ/Ｂ １階	○
非常用Ｐ/Ｃ	４Ｃ	Ｔ/Ｂ １階	工事中	５Ｃ	Ｔ/Ｂ 地下１階	被水	６Ｃ	Ｒ/Ｂ 地下２階	○
	４Ｄ	Ｔ/Ｂ １階	○	５Ｄ	Ｔ/Ｂ 地下１階	被水	６Ｄ	Ｒ/Ｂ 地下１階	○
	４Ｅ	共用施設 地下１階	被水				HPCS用	ＤＧ建屋 地下１階	○

Ｔ/Ｂ：タービン建屋　Ｒ/Ｂ：原子炉建屋　Ｃ/Ｂ：コントロール建屋

[light shading] は被水により使用不能　[dark shading] はその他の理由により使用不能

（中間報告資料Ⅱ-21をもとに筆者作成）

た5号機では、隣接する6号機から電力を融通してもらって乗り切った。しかし、1～4号機の場合には、立地の関係で5・6号機とは1㎞近くも離れていたので、電力の融通ができなかったのである。

被害状況の全体像を眺めると、被水した機器のほとんどは地下に設置されていた。津波襲来後に海水が敷地内に滞留している状態で、通路やダクトなどの開口部から地下室に水が流れ込んだのである。

例外的なケースとしては、1号機では1階に設置されていた非常用M／Cが被水し、逆に6号機では地下の機器がいずれも無事であった。1～4号機の敷地よりも5・6号機のほうが3ｍほど高く、敷地内に滞留した海水の深さが1・5ｍ以下と浅かったことが原因である。

機器が津波被害に遭いやすくなる条件は、地下室に設置されていること、建屋の密閉度が低いこと、敷地高が低いことの3点である。この程度のことは、あらためて指摘されるまでもなく、少し考えれば誰でも思いつくことだ。それなのに、どうしてそんな場所に非常用の機器を設置したのだろうか。

視野が狭い専門技術者

原発建設当時の考え方を整理すると、次のようなものだった。まず、地震に備《そな》えて建屋の強度を高めるために、土台を掘り下げて地下室を設けた。ＤＧは重量物である上に、運転時には振動が発生するので、建屋の地下に設置することにした。そして、ＤＧと関連の深い配電盤もその付近に配置した。つまり、あくまで建築技術的な観点に基づいており、抗堪性に関する配慮が欠落していたのである。

こうした非常電源の脆弱性がその後も放置された理由について、東京電力福島原子力発電所における事故調査・検証委員会（畑村委員会）の「中間報告」は、「ＡＭ（筆者注：アクシデントマネジメント）として実施されたのは機械故障、人的過誤等の内的事象に起因する対策のみで、火災や地震、津波等の外的事象は具体的な検討の対象にならなかった」（同４９２頁）と指摘している。

機械的故障やヒューマンエラーは単発的に発生し、確率論から言えば、「独立した事象」である。例えば、非常用のＤＧが故障する確率を10^{-3}と仮定すれば、Ａ系とＢ系の２系統が同時に故障する確率は10^{-6}と小さい。さらに、隣接する１〜４号機の間では電力の融通が可能なことを考慮すると、計８基のＤＧがすべて故障する確率は10^{-24}と天文学的に小さくなる＝現実的にはあり得ないというわけだ。

この理屈は決して間違いではないが、あくまでも機械的故障やヒューマンエラーを対象とした場合に限る。自然災害やテロ行為などでは、単一の事象により複数の非常用施設が同時に使用不能となる事態が発生し得ることが看過されている。

筆者はこれまで警察に奉職し、テロ対策に従事する部門での勤務経験が比較的長かった。そのため、リスク管理について検討する場合にも、「どうしたらシステムを機能不全にすることができるか」という〝テロリスト側の視点〟で眺める癖が身についている。しかし原子力関係の技術者の皆さんは、非常対策が多重防護となっていることに安住して思考停止に陥り、津波が非常対策全般に甚大《じんだい》なダメージを及ぼすリスクを想定できなかったのだろう。

また、仮に想定したとしても、対策を実施するのは決して容易《ようい》でなかったはずだ。抗堪性を改善するには、設計のレベルにまで遡《さかのぼ》って見直す必要がある。

いったん建設した原発の敷地をかさ上げするのは不可能であり、既存のタービン建屋を水密構造に改造することも難しい。現実的な対策は、水密化した別の建屋を高所に新しく建設して、非常用設備を分散配置することだが、一系統の電気設備をまるごと移設するには膨大《ぼうだい》な費用と時間を要する。

それよりも大変なのは、行政官庁の説得だろう。これほどの大規模改造を行なうとなれば、行政官庁の認可が不可欠だが、「そうした対策は、これまで『原発は安全』と説明を続けてきたことと矛盾《むじゅん》する」「現行の基準ではそのような事態は想定されておらず、基準を改定するには審議会に諮《はか》らなければならない」などと執拗《しつよう》な抵抗を受けるはずだ。これまで積み上げてきた言質《げんち》と煩雑《はんざつ》な行政手続きが、機動的に対策を実施する上での重大な障害になっていたと推察される。

最後に、この点に関連して一つ問題提起をしておきたい。近年、安全・安心を求める世論の高まりを受けて、行政機関では規制強化を進めている。その反面、新規設備の導入や旧式設備の廃止（それに伴う廃棄物の処理など）に対して高いハードルが課せられるようになった結果、企業側では危険性の高い旧式設備をやむなく使い続けるという問題が一部に発生している。「面倒くさい手続きを増やせば増やすほど安全は確保される」という根拠のない思い込みから、そろそろ脱却すべきではないだろうか。

第3講　緊急記者会見で失敗するのはなぜか

～リスクコミュニケーションの誤解～

専門家はコミュニケーションが下手

福島第一原発事故に関する国会事故調では、事故発生時のリスクコミュニケーション（緊急時の広報対策）に関して、委員たちが「なぜ記者会見で専門家を同席させなかったのか」と追及した。これに対して枝野幸男《えだのゆきお》元官房長官は、「残念ながら、深い専門的知識を有し、なおかつわかりやすく説明できる方がいなかったため、専門家のレクチャーを私が聞いて、それを咀嚼《そしゃく》して発信せざるを得なかった」と回答した。

このやり取りは、政府だけでなく民間企業にも共通する危機管理上の問題点を浮き彫りにしている。国会事故調の委員は、専門技術者を同席させていれば、もっと上手にリスクコミュニケーションができたはずと考えていたのだろうが、それは思い込みにすぎない。

技術上の原因によって事故が発生したケースでは、記者会見での受け答えを技術者に任せる企業は決して少なくない。しかし、読者もご存じのとおり、「説明がわかりにくい」と批判されるのが通例である。つまり、技術者だからといってわかりやすく説明できるとは限らない。むしろ技術者は概《がい》してリスクコミュニケーションが下手というのが筆者の見解である。

正確性にこだわる技術者

その理由の第一は、技術者は技術者同士で仕事をすることが多く、一般人（つまり素人）と接触する機会が不足していることだ。もちろん専門性のレベルが高くなればなるほど、その傾向が強まる。そのため、一般人とコミュニケーションを取る能力が基本的に低く、相手の理解度がどれほどかを認識できずに専門用語を多用するのである。

第二の理由は、技術者はとかく正確性にこだわることだ。こうしたこだわりは研究者には不可欠の資質なのだが、リスクコミュニケーションの担当者としては不適格である。１００％の正確性にこだわれば、説明はやたらと長くなる上に、内容も複雑となってしまう。多少アバウトであっても、要点を簡潔に指し示すように説明しなければいけない。

一つエピソードを紹介しよう。筆者は、某化学品メーカーで、製品中に含まれる微量の化学物質の安全性について一般向けに説明するプレゼン資料を見せてもらったことがある。その資料は約30枚という分厚いものである上に、過去の経緯から事細かに解説しているため、問題の化学物質が登場するのは20枚目くらいからだ。こんな資料説明を延々と聞かされる側はたまったものではなく、理解どころか反感を強めるのがむしろ普通だろう。

第三の理由は、専門技術者であろうとなかろうと、日ごろから訓練をしていない者は急場で役に立たないということだ。記者会見の壇上はまさに針のむしろで、その緊張感や圧迫感は想像を絶するものがある。いくら技術に詳しいからといって、これまで専門技術者仲間の閉じた世界でのんびり仕事をしていた人を、そうした修羅《しゅら》場にいきなり引っ張り出せば、まともに受け答えができなくなるのは当然である。

リスクコミュニケーションに対する誤解

それでは、どうすればリスクコミュニケーションは上達するのだろうか。本当に必要とされるのは専門能力ではなく、専門家の言葉を適確に理解した上で、それを一般人向けにわかりやすく説明する能力である。そうした人材を育成するには、技術者の中からコミュニケーション能力に秀《ひい》でた者を選抜して、広報部などで経験を積ませるのがよいだろう。

ちなみに筆者は、大学時代の前半は理科系で、後半から経済学部に転じたという変わった経歴を有している。そのことが、技術的トラブルによる不祥事を分析し、一般向けに噛《か》み砕いて執筆するのに大いに役立っていることを付記しておく。

見方を変えると、そうしたリスクコミュニケーションに長《た》けた人材の必要性がこれまで十分に認識されていなかったことが問題の本質である。その背景として、リスクコミュニケーションが一般の広報活動と混同されて、「とにかく情報を流せば事足りる」という誤解が広まっていることを指摘したい。

これまでの企業広報は、商品やサービスを売り込む「Sell 型」が中心であり、（建て前はともかくとして）企業の伝えたいことを一方的に流すだけでよかった。しかし、リスクコミュニケーションは、相手に協力や理解を求めることを目的とする「Persuade 型」である。したがって、相手にわかりやすいように説明を工夫するのはもちろんのこと、「相手が知りたい情報を伝える」という相手本位のコミュニケーションに心がける必要がある。

こうしたリスクコミュニケーションの本質を理解せず、「とにかく情報を流せば事足りる」という発想にとどまっている限り、失敗はいつまでも続くことだろう。近年、危機管理という言葉がすっかりお手軽になり、誰もがわかったつもりになっているようだが、実情は依然としてこの程度にとどまっているのである。

第4講　緻密《ちみつ》すぎる計画は机上の空論

～BCPの見直しに対するアドバイス～

BCPを緻密化しても意味がない

東日本大震災においてBCP（事業継続計画）が必ずしも役に立たなかったとの反省から、多くの企業で見直し作業を進めている。こうした機会に計画やマニュアルを再検討するのは大変によろしいことだが、筆者の印象では、その見直しの方向が偏《かたよ》っている感じがする。そこで、老婆心ながら、4点ほどアドバイスを申し上げることにしよう。

アドバイスの第1は、「BCPをあまり緻密化しないこと」である。日本人は生真面目なので、マニュアル類の記述をできるだけ詳細にしようとするが、BCPを緻密化すればするほど「机上の空論」に陥りがちである。

テロ事件などの人為的なリスクを対象としたBCPであれば、被害範囲は基本的に自社内に限定される上に、事業再開のために外部の資源を動員することが可能である。ところが日本のBCPは、国土の特質を踏まえて、地震や風水害を主たる対象としている。こうした自然災害の場合には、被害範囲が地域レベルとなってしまうため、その影響を予測することが難しく、外部の資源をどれだけ利用できるのか見込みもつかない。

例えば、建屋の修理のために建設業者を手配しようにも、当該地域内の業者のところには依頼が殺到するはずである。従業員の家族や自宅に被害が発生すれば、企業側としても放置しておくわけにはいかない。道路の寸断や燃料の不足で流通がストップし、あるいは電力・水道・通信などのインフラの回復に時間がかかる可能性もある。販売先の企業や消費者が被災して需要が落ち込めば、製造を早期に再開しても意味がない。

つまり、自然災害時のＢＣＰには、不確定の事象＝その時にならないとわからない話があまりに多すぎる。自然災害の影響は多岐にわたるため、「風が吹けば桶屋が儲《もう》かる」式にまったく予想外のトラブルも多発するものだ。

いかに緻密なＢＣＰマニュアルを整備しても、頭の体操という意義を認めるのはやぶさかでないが、しょせんは「机上の空論」にすぎない。下手に細かく対策内容をマニュアルに規定していると、自縄《じじょう》自縛《じばく》になってしまうおそれさえある。

あらかじめ事業継続に当たってボトルネックとなる要素を洗い出し、バックアップの確保や発注先の分散、在庫の積み増しなどの事前対策を進めておくのは当然である。しかしそれ以上については、いざ緊急時になってから、実情を踏まえて判断すればよい。ＢＣＰマニュアルには、基本的な対処方針とそれを具体化する段階で検討すべき課題を書き出しておけば十分であろう。

タイムスケジュールにこだわるな

電機関係のＡ社のＢＣＰでは、災害発生後4時間以内に代替製造の判断をすると規定していた。しかし、東日本大震災の際には被害状況の確認に手間取り、その判断が2日後になってしまった。そのためＡ社では、計画どおり4時間以内に判断することを目指してマニュアルの改訂を進めているが、筆者としては、「タイムスケジュールにこだわりすぎるな」とアドバイスしたい。

そもそも、この4時間という数字は、個々の確認作業に要する時間を積み上げて決まったものではない。「1週間後に業務再開」という目標を所与の前提とした上で、それに間に合わせようと逆算した結果、状況確認に充《あ》てられるのは4時間だけになったのである。

筆者の実務経験から申し上げると、緊急時の情報収集は平時よりもはるかに手間取る。Ａ社の被災事業所で状況確認が遅れたのも、激しい揺れによってエアコンやダクトなどの機材が天井から落下する事態が発生し、余震が続く中で慎重に確認作業を進めなければいけなかったためである。

したがって、ＢＣＰでタイムスケジュールにこだわると、現場では、それに間に合わせようとして無理をするおそれがある。その結果、死傷者でも発生しようものなら目も当てられない。ＢＣＰの性格上、タイムスケジュールを作ることは当然であるが、あくまでも目安程度の位置づけにして、安全確保はＢＣＰよりも優先されることをマニュアルの巻頭に提示しておくべきだろう。

現実にも、業務の再開が１週間後から10日後に延びたところで、経営上のダメージが大きく違ってくるといったケースはほとんどあるまい。そもそもＢＣＰを発動するような事態はそれこそ一大事なのだから、「計画どおりにいかないのが当たり前」と覚悟しておくべきである。

業務再開の範囲を絞り込め

内閣府の事業継続ガイドラインでは、「継続すべき重要業務を絞り込む」とされている。急場では何もかもできるわけがないのだから、経営破綻《はたん》を回避できる程度に事業を再開できれば十分という割り切りである。

ところが、この基本がなかなか徹底されず、あれもこれも手掛けようと欲を出すケースが少なくないようだ。それでは「虻蜂《あぶはち》取らず」になりかねないため、「業務再開の範囲をできるだけ絞り込むこと」をあらためてアドバイスしたい。

当面は、売上の7割くらいの回復を目安として、「その他は後回しでよいから、この製品だけは何としても生産を再開しよう」と対象を絞り込み、組織のエネルギーを傾注することが望ましい。緊急時には、平時よりもさらに「選択と集中」が必要とされるのである。

被災事業所の負担軽減を心がけよ

大抵のBCPマニュアルには、被災事業所に応援要員を派遣する旨を規定しているが、身体一つで送り出せばよいというものではない。アドバイスの第4は、「応援要員の派遣に当たっては、被災事業所の負担軽減を心がけること」である。

被災事業所側では、ただでさえやることが山ほどあり、マンパワーが絶対的に不足している。そこに、応援要員の受け入れのため、宿舎や食事、交通手段などを手配する負担を上乗せするのは好ましくない。

筆者としては、要員を派遣する側で宿泊場所や移動用の車両を手配して、被災事業所側の負担を軽くしてやることをお勧めする。その際には、「餅《もち》は餅屋」ということで、旅行会社を活用するほうが何かとスムーズである。昼食用の弁当作りや洗濯の代行、マイクロバスによる送迎なども、旅行会社に交渉させるとよい。

また、製造移転の手配に当たっても、同様に被災事業所の負担軽減を心がけるべきだ。被災事業所のキーパーソンを代替事業所に派遣すれば、移転作業はスムーズに進展するかもしれないが、そうした人材は、被災事業所の復旧に関してもキーパーソンであることを忘れてはならない。移転作業は代替事業所が主導的に進め、被災事業所からのサポートは最小限にとどめておくべきである。

最後に、ＢＣＰとは直接関係のないことだが、興味深いエピソードを一つご紹介しておこう。東日本大震災の際、関東地区でも多くの企業が修理業者をなかなか手配できず、あるいは業務用車両のガソリンの手配がつかないなどの問題に直面した。しかし、筆者が懇意にしているプラント関係のＢ社は、そういったトラブルとは無縁だった。

このＢ社では、コスト削減に血眼になっている世相《せそう》に背を向け、出入りの業者と昔ながらの長期継続的関係を守り続けていた。そのため、震災時には修理業者がすぐに駆けつけ、馴《な》染《じ》みのガソリンスタンドでは優先的に燃料を融通してくれたのである。

ＢＣＰをスムーズに進められるかどうかは、こうした下請業者のサポートに負うところが実に大きい。彼らとの長期継続的関係の維持が若干のコスト高につながったとしても、いざという時に備えた「保険料」と割り切れば、それなりに算盤《そろばん》が合うのではないだろうか。

第5講　デマを信じる人・デマを流す人
～デマが生み出されるメカニズム～

コスモ石油火災に関するデマ

近年、ツイッターやフェイスブックなどのミニブログが普及し、多くの人々が情報の発信や収集に活用している。災害などの緊急時においても、こうした通信手段が安否確認や警報の伝達に役立つことは言うまでもない。その一方で、ミニブログの情報は玉石混交であり、デマ情報を拡散して混乱を惹起《じやつき》するというマイナス面も発生している。

東日本大震災の際、コスモ石油の千葉製油所でLPガスタンクに火災が起きた。破れたタンクから紅蓮《ぐれん》の炎と黒煙が噴き上げる模様はテレビで幾度も放映されたので、ご記憶の読者も少なくないだろう。この火災に関連して、「コスモ石油二次災害防止情報」と題したメールが世間に流布した。その内容は、次のようなものだった。

「コスモ石油に勤務の方からです。できるだけ多くの方々に伝えてください。工場勤務の方から情報。外出に注意して、肌を露出しないようにしてください！　コスモ石油の爆発により有害物質が雲などに付着し、雨などといっしょに降るので外出の際は『傘』か『カッパ』などを持ち歩き、身体が雨に接触しないようにしてください!! コピペなどして皆さんに知らせてください!! 多くの人に回してください!! ご協力宜しくお願い致します。」

実は、このメールは筆者の妻の携帯にも送信されてきた。洗濯物を外に干さないほうがよいかしらと動揺する妻に、筆者は「これはデマだ。心配はいらない」と断言した。一般論としては、化学工業関連の施設で火災が発生すれば、有毒物質が発生する危険性は十分に考えられる。それなのに、筆者が即座に「デマ」と判断したのはどうしてだろうか。

事故現場で燃えているLPガスの商品名は「プロパンガス」である。一般家庭で日常的に使用している、あのプロパンガスだ。それが燃えたからといって、有毒物質が発生するはずがない。化学構造から考えても、C(炭素)・H(水素)・O(酸素)から組成される炭水化物のプロパンガスは、燃えれば二酸化炭素と水蒸気になるだけだ。

この程度のことは、常識を少し働かせれば誰でも気が付くはずである。それにもかかわらず、どうして多くの方がこのデマを信じ込んでしまったのだろうか。

デマを信じてしまう人間心理

その理由として第一に挙げられるのは、震災が発生した直後の特殊な社会心理である。まことに不思議なことだが、大災害に直面した人々は、明るい楽観的な情報ではなく、自らの不安感と調和するような暗い悲観的な情報を受け入れる傾向がある。

「これだけの大災害だから、もっとひどいことが起きているに違いない」という人間心理が、デマのはびこる土壌《どじょう》になるのだ。１９２３年の関東大震災の際にも、「政府首脳が全滅した」「関東全域が津波で水没した」「伊豆諸島が大噴火で消滅した」などの不安をことさらに煽《あお》り立てるデマが乱れ飛んだ。

デマが発生したから不安感が広がるのではなく、不安感が広がっているからデマが発生するという構図である。言い換えれば、大災害の渦中では、デマが発生することは避けられない。したがって、デマの発生を早期に認知し、それに対してカウンターとなる正しい情報を発信する必要がある。

ここで注意しなければいけないのは、「この情報はデマです」と打ち消すだけでは効果が少ないことだ。前述したとおり、不安にかられた人々は、暗い悲観的な情報のほうを受け入れやすい。「一般家庭で日常的に使用しているプロパンガスが燃えたからといって、有毒物質が発生するはずがありませんよ」のように、デマであるとした根拠を論理的にわかりやすく説明することが効果的である。

デマ情報を広める人

デマが広まった理由の第二は、社会的評価の高い人々がデマ情報の発信に一役買っていたことだ。筆者の妻にデマメールを転送した方も、教養と社交性を兼ね備えた素晴らしいご婦人であった。

人間というものは、多かれ少なかれ権威主義であって、「誰」がその情報を伝えたかによって、情報の信頼性を評価するところがある。そのため、自分が普段から信頼している人からの情報であれば、その内容の真偽《しんぎ》を吟味《ぎんみ》せずに受け入れてしまうのである。

そうした社会的評価の高い人たちがデマ情報をさかんに発信したのは、一種の使命感によるものだろう。こうした方々には思いやりの深い世話焼きタイプが多いため、「これは大変な情報だ、すぐに皆に教えてあげなければ」と対応したのである。友情と信頼のネットワークを通じてデマ情報が拡散していくスピードは、とても政府広報の比ではない。

ちなみに、デマメールのもともとの文面は、「工場勤務の方から情報。外出に注意して、肌を露出しないようにしてください！」だけであった。それ以外の部分は、このメールが流通する過程で、内容をもっとわかりやすくして、より多くの人に読んでもらおうという気持ちから、善意の人々が書き加えたものである。

要するに、問題のデマは人々の善意を肥《こ》やしにして大きく成長したのである。善意とは他者に対する思いやりの気持ちであり、それが無ければ世の中は暗く陰鬱《いんうつ》なものになってしまうだろう。しかし、善意だからこそ始末に負えないこともあるのだ。

第2章

危機管理の極意

第1講　セウォル号転覆事故・前編

～人の振り見て我が振り直せ～

不適切な船体改造

２０１４年４月16日、韓国の仁川《インチョン》から済州《チェジュ》島に向かっていた清海鎮海運所属のフェリー「セウォル号」が転覆沈没した。同船には、修学旅行中の高校生徒３２５人と引率教員14人、一般乗客１０８人、乗員29人の計４７６人が乗船していたが、救助されたのは、乗客乗員合わせて１７２人にすぎなかった。

フェリーについては、荒天などで船体が大きく傾斜すると、積載した車両や貨物の固縛が破断し、船体の片側に積載物が寄ってしまって転覆する問題が知られている。２００９年にも、セウォル号と同型のフェリー「ありあけ」が、熊野灘《くまのなだ》で強風と大波により転覆した。

しかしセウォル号の場合には、事故当日の気象は良好で、波高は約１ｍにすぎなかった。それなのに、どうして転覆事故が起きてしまったのだろうか。

セウォル号は１９９４年に日本で建造され、当時の排水量（≒船体の重さ）は６５８６トンであった。２０１２年に同船を購入した清海鎮海運は、韓国の造船会社に依頼して、船体後方の最上階に客室を増設した。

この改造によって乗客定員数は８０４人から９２１人に増えたが、排水量は６８２５トンに増大した。約２４０トンの重量増が最上階に集中した結果、船体の重心が上がって、セウォル号の復元力は大きく低下した。つまり、ただでさえ転覆のおそれがあるフェリーをトップヘビーにして、さらに転覆しやすくしたのである。この改造は韓国船級協会の検査をパスしているので、違法というわけではないが、まともな造船会社のやることではない。

韓国は日中と並ぶ造船大国であるが、技術レベルはそれほど高くなく、客船のように構造が特殊な船舶は苦手である。さらに、問題の造船会社は中小企業で、客船建造の経験が無かったために、無茶な改造工事を引き受けてしまったらしい。コスト削減に熱心な清海鎮海運としては、安く仕上げてくれるのならば、どの造船会社でも構《かま》わなかったのだろう。

過積載と杜撰《ずさん》な固縛

船の安定性を取り戻すため、改造後はバラスト水を２０００トン（以前の約３倍）も積まなければいけなくなった。それだけ積載貨物量の上限は低くなり、９８７トン（以前の約４

割）に減少した。これでは、乗客増による収入増よりも、貨物減による収入減のほうが大きくなる。

なんとも奇妙な改造をしたものだが、清海鎮海運には、「過積載」という裏ワザがあった。セウォル号は、今回の事故までに仁川・済州島航路を３９４回航行していたが、そのうち２４６回で過積載が行なわれ、約３億円もの不当な利益を得ていたという。

事故当日の過積載は目に余るものだった。車両１８０台とコンテナ１５０本など合計３６０８トンと、上限９８７トンの３・７倍に達していたのである。これだけの重量物を積むとなれば、浮力を確保するために何とかして船体を軽くしなければならない。そこで、船底部のバラスト水を５８０トンまで減らした結果、セウォル号の重心は著《いちじる》しく上がって、極めて不安定な状態となった。

さらに、貨物の固縛対策にも問題があった。前述した「ありあけ」転覆事故の原因調査では、傾斜時に貨物が動くのを防止するための固縛対策の重要性が強調されている。ところがセウォル号には、ラッシングバーやコーンなどの固定金具がろくに用意されておらず、コンテナをロープで縛っただけであった。金具類のコストもさることながら、コンテナの積み込み・積み下ろしに要する人件費の削減が目的と考えられる。

ちなみに、出港前に海運組合に提出されたセウォル号の旅客船安全点検報告書には、貨物657トン、コンテナ0本、車両150台とあり、貨物の船積み状況についても「良好」と虚偽の記載をしていた。同報告書を作成した三等航海士は、前任者から「安全点検をせずに、すべて『良好』と書いておけばよい」と引き継ぎを受けていたという。

未熟な航海士の操船ミス

当日の午前8時49分、セウォル号は観梅島沖で右方向に変針した。この変針はもともと予定されていたものであったが、同船の最高速力に近い約19ノットというスピードで角度が15度以上という急変針をしたために強い遠心力が働いた。

過積載により重心が非常に高くなっていたセウォル号は、左側に大きく傾斜して、貨物が荷崩れを起こした。崩れた貨物が轟音《ごうおん》を立ててぶつかり合い、前甲板に積載していたコンテナは海上に滑《すべ》り落ちたという。かくしてバランスを失ったセウォル号は横倒しになって漂流し、1時間半後に浸水で沈没したのである。

問題の急変針が行なわれたのは、前夜、濃霧《のうむ》のために出航が定刻から2時間遅れたことが関係している。

事故現場は、島が多い上に潮流も速くて注意を要する水域であった。しかし、この時に操船していた三等航海士は、経験が1年にも満たない上に、この航路での操船は初めてだった。船舶では一等から三等の3人の航海士が交替で航海当直につくが、セウォル号の出航が遅れたために、この要注意水域の手前で一等航海士から三等航海士に操船を引き継いでいたのである。

三等航海士が高速・大角度で変針したのは、出航の遅れを少しでも取り戻すには、できるだけスピードを落とさずに航行しなければならないとプレッシャーを感じていたためだろう。非常に不安定な状態のセウォル号でそうした操船をすればどのようなことになるか、経験不足のせいで思い至らなかったのである。

ちなみに船長は、操舵《そうだ》室を離れて自室に戻っていたとされる、経験不足の三等航海士に操船を任せていたことは法律に違反しないが、合法イコール安全ということにはならない。しょせん法律とは、最低限の要請にすぎないのである。

「日本は違う」は禁物

以上のとおり、セウォル号の沈没原因は、不適切な船体改造、積荷の過積載と杜撰な固縛、未熟な航海士の操船ミスの３点である。ちなみに、韓国では１９９３年に西海フェリー沈没事故が発生し、乗客乗員計３６２人のうち２９２人が死亡する惨事となったが、その事故原因も過積載と操船ミスとされており、韓国海運業界の「体質」なのだろう。

こうした状況を受けて、「韓国は本当に安全管理がいいかげんだ。日本ではこんなことはない」との論評を目にすることが多い。しかし、「日本は違う」と安易に決めつけてはいけない。かつての日本でも、セウォル号と同様に過積載や無理な航行が原因で、友鶴《ともづる》事故（１９３４年）、第十東予丸《とうよまる》事故（１９４５年）、せきれい丸事故（１９４５年）、洞爺丸《とうやまる》事故（１９５４年）、紫雲丸《しうんまる》事故（１９５５年）などの重大海難事故が発生した。

日本の海運業界は、こうした事故の教訓を活《い》かすことで安全管理を向上させていったのである。見方を変えれば、過去に苦い経験をしていない業界、あるいは過去の教訓が伝承《でんしょう》されにくい業界では、セウォル号並みの状況であっても不思議ではない。

例えば、陸運業界では、トラックの不正改造や過積載、杜撰な荷役による荷崩れ、無許可営業、運転手のオーバーワークなど数々の問題が認められ、それによる事故も続出している。２０１２年に発生した関越自動車高速バス居眠り運転事故で、7人が死亡、39人が重軽傷を負ったことは記憶に新しい。

あなたの会社は、入札価格の安さだけで下請の協力会社を選定したり、資格があるからといって経験不足の者を重要業務に充《あ》てたりしていないだろうか。あるいは「この程度の超過はどこでもやっているから」と違反行為に目をつぶっていないだろうか。他者の失敗を嗤《わら》う前に、「人の振り見て我が振り直せ」という警句《けいく》を思い出すべきである。

第2講　セウォル号転覆事故・中編
～どうして乗客が船内に取り残されたのか～

竪坑《たてあな》と化した通路

今回は、セウォル号が転覆してからの船舶職員（事務員を除く乗員）と海洋警察の対応状況について検証していこう。

事件の第一報が海洋警察に入ったのは午前8時52分であり、通報者は乗客の高校生であった。セウォル号の船舶職員は、転覆事故の発生により気が動転していて通報が遅れたのだろう。その後、9時12分から27分にかけて、セウォル号（セ）と海洋警察の海上交通管制センター（管）は、以下の交信をしている。

（管）「救命ボートへの乗船を始めたか？」
（セ）「船体が大きく傾いていて不可能だ」
（管）「浸水状態は？」
（セ）「船体が50度以上左舷《さげん》に傾き、船舶職員はブリッジに集まっているが動けない」

（管）「救命具を着用するよう放送してください」
（セ）「放送もできない状態だ」
（管）「放送が駄目でも、乗客に救命胴衣を着させて外に出るように」
（セ）「脱出させたらすぐに救助できるのか？」
（管）「こちらでは状況がわからないので、乗客を脱出させるか船長が早く決断してください」
（セ）「そうじゃなくて、脱出したらすぐに救助できるのかと尋ねている」
これらの交信内容から、船体の傾斜が激しくて行動が困難なことや、自力による脱出に船舶職員が消極的であることが読み取れる。

セウォル号の客室の後部には出入口が無く、脱出するには左右方向の通路を経由して舷側のデッキに行くしかない。ところが、船体が左側に大きく傾斜していたため、通路は長さ20mのスロープと化していた。9時30分時点の傾斜角は45度、その15分後には傾斜が60度を超え、まさに竪坑である。

これでは自力で登ることは難しく、ロープなどを使って引っ張り上げてもらうしかない。

しかし船長をはじめとする船舶職員は、乗客に対して何の救助措置も取らないばかりか、乗客を置き去りにして海洋警察の救助船に乗り移り、15人全員が生還したのである。

寄せ集め状態の船舶職員

本事件では、「危険ですので部屋の中で待機してください」とのアナウンスが船内に流れ続け、相当数の乗客が船室に留《とど》まったことが被害を増大させた。どうしてこのようなアナウンスをさせたのだろうか。

セウォル号の救命ボートや救命カプセルは2月に安全点検を行なったばかりだったが、実際には、整備会社がろくに検査もせずに「良好」との証明書類を発行していた。これらの救命設備の固定装置は錆《さ》び付いていた上に、塗り直しのペンキによって固定装置と固着し、救命設備を外《はず》せない状態になっていた。こうした状況を船舶職員たちも承知していたため、最初から自力脱出を諦《あきら》めていたのである。

しかしそれでも、海洋警察の到着に備《そな》えて、乗客を船室から出してデッキに集めようとしなかったのはなぜだろうか。その理由として、訓練不足とチームワークの欠如《けつじょ》が挙げられる。

それまで清海鎮海運では、緊急時避難訓練をまったく実施していなかったため、船舶職員たちは、こうした事態にどのように対応すべきかわかっていなかった。ちなみに、同社が2013年に教育訓練費として使った費用は、日本円にしてわずか5万円にすぎなかったという。

乗客をデッキに退避《たいひ》させる必要性に気付いたとしても、前述のとおり通路が竪坑と化しており、ロープなどで乗客を引き上げないといけない。その作業には船舶職員たちのチームワークが不可欠であるが、セウォル号にはチームとしての結束が欠落していた。チームの核となるべき船長は、正規の船長が休暇を取ったためにセウォル号に乗り込んだ契約社員だった。要するに、「臨時の代役」にすぎない。その他の船舶職員にも契約社員が多かった上に、清海鎮海運の給料が低いために入れ替わりが激しく、半数以上の船舶職員は、セウォル号での勤務経験が半年以下であったとされる。

こうした寄せ集め状態であったため、いざ緊急事態に直面すると規律があっさり崩壊し、自らの安全に汲々《きゅうきゅう》とする「個人」の群れと化してしまったのである。ちなみに、機関長以下7人の機関員は、仲間の調理担当職員2人が負傷して動けないのを目撃しながら、そのまま見捨てたとされる。

船内に入らなかった海洋警察

海洋警察の１２３警備艇が現場に到着したのは９時30分のことだった。セウォル号が沈没する10時17分までに、あと47分間しか残っていなかった。

この１２３警備艇は、排水量１００トンと小型のパトロール艇である。当該海域には２００トン以上の中型艦艇を配置することとされていたが、事故当日は、中国漁船の違法操業の取締りに中型艦艇を投入した関係で、１２３警備艇が付近をパトロールしていたのだ。

管轄の海洋警察署長は「乗客に退船するように呼びかけよ」と命じたが、１２３警備艇は、船外に出てきた乗員乗客を保護しただけであった。同警備艇の乗組員は９人と少なかった上に、こうした特殊な事故に備えた訓練も受けておらず、救助用ロープや梯子《はしご》などの装備もなかったため、船内に入ることを躊躇《ちゆうちよ》してしまったのである。

心ならずも現場責任者となってしまった艇長は、救助活動の専門部隊が一刻も早く到着することを願っていただろう。しかし、専門部隊が現場に着いたのは、沈没後の11時20分だった。

１２３警備艇の他にも３機のヘリが救助に参加し、４人の航空救助士がセウォル号に降り立った。しかし彼らも、船内から脱出した乗客をヘリに収容する作業に従事しただけで、船内には立ち入らなかった。

ヘリによる通常の救出業務では、甲板にいる生存者を救助かごに乗せて吊《つ》り上げるだけでよいため、ロープなどの救助用具を持参していなかったのである。ちなみに航空救助士たちも、今回のような特殊な事故に対応する訓練を受けていなかった。

以上のとおり、沈没前に到着した海洋警察の救助隊は小型艇1隻とヘリ3機だけで、これだけの海難事故に対するには戦力が少なすぎる上に、装備も訓練も欠如していた。さらに言えば、現場に到着するまで、船内に多数の乗客が取り残されていることさえ知らされていなかった。

「どうして船内に進入しなかったのだ」と批判するのは容易《たやす》いが、たとえ彼らが最善の行動を取ったとしても、どれほどの人数を救出できただろうか。1人の乗客を20mの竪坑から引っ張り上げるだけでも、どれだけの労力と時間を要するかご想像いただきたい。

本事故に関しては、熊野灘沖でセウォル号と同型のフェリー「ありあけ」が転覆した際に乗員乗客の被害がゼロであった件と比較して、韓国側の対応を批判する論者が少なくない。しかし「ありあけ」の場合は、船体の傾斜が30度程度にとどまったこと、砂浜にわざと座礁して沈没を免《まぬか》れたこと、乗客がわずか7人だったことなど状況が大きく異なり、セウォル号事件と対比すべきではない。さらに言えば、「彼らはレベルが低いから、あんな愚かなことをやったんだ」という意識では、他者の失敗から教訓を学び取ることはできない。

本事故について学ぶべきは、「いざ緊急事態に直面してからでは、やれることに限界がある」ということである。セウォル号の船舶職員も海洋警察も、救助設備のメンテナンス、チーム意識の涵養《かんよう》、緊急対応部隊の整備、救難用の装備・訓練等々の面であまりに準備が不足しており、いずれにせよ大惨事となるのは避けられなかった。危機管理に失敗したくなければ、平時において周到な準備を重ねることが肝要なのだ。

第3講　セウォル号転覆事故・後編

〜最高指揮官がなすべきこと〜

空白の7時間

セウォル号事故の危機管理に関しては、「空白の7時間」が話題となった。朴槿恵《パククネ》大統領が、10時頃に秘書室長から書面による最初の報告を受けてから、17時15分に中央災害対策本部に姿を見せるまで、約7時間にわたって動向が不明になっていたというものである。この件については、産経新聞の加藤達也《かとうたつや》前ソウル支局長が「朴大統領が愛人と密会していたのではないか」と仄《ほの》めかした韓国紙を紹介する記事を書いたところ、名誉棄損罪で起訴されたことで言論弾圧問題に発展したので、ご記憶の読者も多いだろう。

それに対して韓国大統領府は、事故から半年以上も経過した10月28日にようやく、「朴大統領は7時間の間に19回報告を受け7回も指示をした」と発表した。具体的な内容としては、10時15分に国家安全保障室長に対し「1人の人命被害も発生しないように、客船内にある客室などを徹底的に確認せよ」、10時30分に海洋警察庁長官に対し「海上警察特攻隊を投入して人命救助に最善を尽くせ」とそれぞれ指示したとされる。

はっきり申し上げて、筆者はこの説明を信じていない。中央災害対策本部に出向いた朴大統領は、「高校生たちが（赤い）ライフジャケットを着ているのに、彼らを発見するのがどうして難しいのか？」と質問している。ライフジャケットを着た乗客たちが水面で救助を待っている状態と誤認《ごにん》していたのであり、前述のような指示を出せたはずがない。

筆者が特に着目しているのは、事故の第一報を書面で報告したとしていることだ。そもそも、こうした緊急時の第一報については、一刻も早く口頭で報告するのが大原則である。わざわざ書面を作成すれば、それだけで数分間の貴重な時間を使ってしまうからだ。

さらに、国会で追及された秘書室長は、書面で大統領に報告したと説明する一方で、「朴大統領の所在は知らなかった」と意味不明の回答をしている。大統領の所在がわからないのに、どうして報告できたのか？

おそらく報告書を大統領のデスクの決裁箱の中に入れたという意味なのだろう。形式上は大統領が執務室にいることになっているので、決裁箱に入れた時点で報告済みとなるが、実際には、大統領本人に情報が伝わっていなかったのである。

公人にプライベートな時間はない

秘書室長は、苦し紛《まぎ》れに「秘書室長といえども、大統領の一挙手一投足まで知っているわけではない」と答弁したが、そんな話を信じられるわけがない。朴大統領は国家元首というだけでなく、韓国軍の最高司令官でもある。そして、朝鮮戦争はまだ終わっていない。現時点では、北朝鮮と停戦状態にあるだけで、戦争終結のための平和条約は結ばれていないのだ。言い換えれば、いつ戦争が再開されても不思議ではない国で、最高司令官が所在不明になることはあり得ない。

秘書室長は大統領の所在を把握していたが、何らかの事情により、会うことができなかったと解するのが合理的であろう。加藤元支局長の記事のように、愛人と密会していたというストーリーも可能性として否定できない。

しかし、筆者にしてみれば、朴大統領がどこで何をしていたかはどうでもよい。問題は、緊急時にもかかわらず、秘書室長が朴大統領に直に報告しようとしなかったことである。

大統領は、最高の公人である以上、プライベートな時間は存在しない。愛人と密会していようが、風呂やトイレに入っていようが、秘書室長は遅滞《ちたい》なく報告すべきであり、大統領はそれでよしとしなければならない。青瓦台《せいがだい》（韓国大統領官邸）にそうした報告態勢を構築していなかった点で、危機管理上の大ポカと言わざるを得ないのだ。

歴史上でも似たような例がある。１９４４年６月６日早朝、英米連合軍がフランスのノルマンディー海岸に上陸した。ドイツ軍としては、連合軍が足場を固めないうちに反撃しないといけないが、大規模な部隊運用には最高司令官のヒトラーの承認が必要であった。ところが総統大本営では、睡眠中のヒトラーを起こそうとしなかった。典型的な夜型人間のヒトラーは就寝したばかりで、しかも寝起きがいつも猛烈に不機嫌であったからだ。その結果、ヒトラーの起床を待って作戦会議が開始された時には、すでに正午となっていたのである。

海洋警察庁の対応

以上のとおり朴大統領の「空白の７時間」は、韓国の危機管理態勢の面でお粗末としか言いようがないが、そのせいで危機管理に失敗したとする議論には賛成できない。

そもそも、こうした特殊な海難事故について十分な知識を持っている者など、大統領周辺に１人もいるわけがない。大統領府では、「人命救助に最善を尽くせ」といった一般的な指示を出すくらいが関の山である。具体的な対応は海洋警察庁に任せざるを得ないため、救出活動の失敗に関して朴大統領の責任を問うのは適当でない。

このように申し上げると、「その国のトップが危機管理の責任を負わないでどうするのだ」と頓珍漢《とんちんかん》な反論をされるかもしれないので、もう少し説明しよう。

本事故の救出活動について、素人の大統領が口出しするのは「百害あって一利なし」であり、「餅は餅屋」ということで海洋警察庁に任せるべきである。したがって、危機管理の実施責任は海洋警察庁にある。

その一方で、前節で説明したように海洋警察庁が普段からの準備不足のせいで失敗したのであれば、そうした状態のまま同庁を放置した行政上の責任を、朴大統領は免れることはできない。要するに、緊急事態が起きてからの対応と、日頃の組織管理の問題を分けて考えなければいけないということだ。

ちなみに、本事故を受けて朴大統領は、海洋警察庁を解体して、捜査と情報機能を警察庁に、救助・救難分野や領海警備を新設する国家安全処にそれぞれ移管《いかん》すると発表した。ところがこの対策も問題と言わざるを得ない。日本でも海上保安庁が捜査権を握っているように、海上事件の捜査には非常に特殊なノウハウが必要とされ、陸の警察と統合するのは無理がある。

また、本件のように海難事故では救助活動と捜査が接続するのが常であり、領海警備についても入管法事件や漁業法事件の捜査につながることが多い。それを2つの組織に分離すれば、現場での非効率は耐《た》え難《がた》いものとなるだろう。

救助活動に失敗した理由が組織編成の欠陥によるものであれば、海洋警察庁を組み替えるのもやむを得ない。しかし、少なくとも本事件に関しては、救助の体制・装備・訓練に関する準備不足が失敗の原因であるため、海洋警察庁内部で諸制度を改善していけば済むことである。

もう一つ興味深いことを指摘しておこう。20年前の海洋警察庁は、陸の警察庁の一部局であった。ところが、1993年の西海フェリー沈没事故（死者292人）の際に、「海洋安全の専門組織が無かったことが被害を大きくした」という理由で独立させたのである。

韓国では、何か不祥事が起きると、その原因を組織編成のせいにして、体制を組み替えることで万事解決としているようだ。しかし、実務的な問題を組織いじりで改善できるわけがない。現場の足腰を強くするどころか、むしろ混迷《こんめい》を深めるだけである。企業不祥事に直面した経営者も、こうした無分別な組織変更をすることが多いので、この件を他山《たざん》の石としていただきたいものだ。

「権力者」となった被害者

たいへん淋《さび》しい話だが、本事故の犠牲者となった高校生の遺族たちは、その後、圧力団体と化した。慰問《いもん》に訪れた朴大統領を罵《ののし》り、首相にペットボトルの水を浴《あ》びせ、警察庁長官をビンタする。大統領との面会を強要し、それが叶《かな》えられないと街頭を占拠する。その極めつきが「セウォル号特別法」の制定を要求したことだ。

同法案は、「死者全員への栄典と遺族への礼遇」「政府から遺族への賠償金の支給」「檀園《タヌオン》高校生の大学特例入学」「遺族中心の真相調査委員会に対する捜査権・起訴権の付与」などを骨子とする。事故被害者という点では交通事故と変わりないのに、様々な特別待遇を政府に求めたのだ。さらに、捜査権・起訴権の付与となると、現行の司法体系の破壊に等しい。まさにやりたい放題の「暴君」と化した遺族たちに、さすがに韓国内でも批判の声が上がるようになった。

それにしても、どうしてこのような状況になってしまうのだろうか。誰もが遺族たちを可哀そうに思うあまり、多少の感情の爆発は仕方が無いと大目に見る。すると、遺族たちの間で互いに刺激し合って、段々と行為がエスカレートするようになる。

マスコミとしては、過激なほうがニュースとしての価値が高くなるので、そうした遺族たちの行動をことさらに取り上げる。テレビや新聞でさかんに報道され、社会の注目を浴びた遺族たちは次第に自己肥大化し、自分たちの行動に「社会的使命」を感じるようになる。そこに野党の政治家が現れ、「尊い犠牲を無駄にしないために、政治を変革しなければならない」と煽《あお》り立て、政府批判の方向に誘導していくのである。

韓国ほどひどくないかもしれないが、日本でも、マスコミや一部団体の使嗾《しそう》により被害者が「事実上の権力者」と化す構図が存在する。「被害者」あるいは「弱者」という立場に自らを規定した側が、その後の議論の主導権を握ってしまうのだ。それに対して論理的に反論しようものなら、「同情の気持ちがない」「思いやりに欠けている」と一方的に糾弾《きゆうだん》され、憲法に規定された言論の自由は黙殺されることになる。

「被害者」あるいは「弱者」に同情するのは自然なことだが、同情に流されてしまうだけでは「情実国家」になってしまう。同情は同情、ルールはルールと切り分けて考えることが「法治国家」の在るべき姿なのである。

第4講　死者のために生者を犠牲にしてはならない

～現場に判断させるべき局面～

豊浜《とよはま》トンネル崩落事故

１９９６年２月10日、北海道後志《しりべし》管内の海岸沿いをはしる国道２２９号線の豊浜トンネル内で重大事故が発生した。高さ70ｍ×幅50ｍ、重さ約２万７０００トンという巨大な岩盤が崩落してトンネルを直撃、通行中の路線バスと乗用車（合わせて20名が乗車）を押し潰してしまったのである。

救出作業を進めるには、まず岩盤を取り除かないといけない。翌11日午後、発破《はっぱ》作業が実施されたが、岩盤は少し下に沈んだだけであった。

この発破作業は、岩盤の下部を破壊して、海側にすべり落とすという極めて難度の高いものであった。しかも、被災車両の位置に爆発の影響が及ばないように、火薬を所要量の三分の一に減らさざるを得なかったという。その意味では、万が一の僥倖《ぎょうこう》に縋《すが》るような作業であり、失敗したのは無理もなかった。

発破作業の模様をテレビで見守っていた筆者は、失敗に終わったことを確認すると、残念だが救出の見込みは無くなったと判断した。ところが、テレビのリポーターが、二回目の発破作業の準備が開始されたと語り始めたのである。筆者は慄然《りつぜん》とした。

崩落の状況から岩盤は非常に脆《もろ》いと考えられる上に、最初の発破の衝撃が相当なダメージを与えている。本来であれば、当分は近寄ることさえ避けたほうがよい状態である。その岩盤に取り付いて、爆薬を入れる穴をドリルで穿孔《せんこう》するなど自殺行為と言ってよい。

もともと事故発生の状況から見て、生存者のいる可能性は極めて小さかった。実際にも、事故後の検証では即死状態であったことが確認されている。すぐに二回目の発破に取り掛かるのは、死者のために生者を犠牲にするようなものだ。

一刻も早い救出をアピールする政治家や、それを当然と受け止めているマスコミは、筆者の目からすれば、古代ローマのコロシアムで剣闘士の決闘に喝采《かっさい》を送る群衆と変わりなかった。

ぎりぎりの局面では外野は口を慎め

結局、二回目の発破も失敗し、さらに二度も薄氷《はくひょう》を踏むような発破作業が続けられたが、関係者が二次災害に遭うことはなかった。これは単に幸運というだけである。あのようにリスクの高い作業を続けるべきではなかったと筆者は確信している。

危機管理である以上、敢えて挑戦しなければならないケースがあることは否定しない。例えば、２００４年の新潟県中越地震の際に、二次災害の危険性が極めて高いがけ崩れの現場から幼児を救出したハイパーレスキュー隊の活動は素晴らしい。

筆者が申し上げたいのは、こうしたぎりぎりの局面では、周囲があれこれ言うべきではないということだ。自《みずか》ら死地に出向くわけではなく、状況を判断するだけの専門知識もない人々が、第三者ゆえの無責任な熱情で「流れ」を作って、現場責任者を追い込むのは不見識きわまりない。

そういう時は、ただじっと現場責任者の判断に委《ゆだ》ねるべきである。もしも現場責任者が無理と判断したならば、それを受け入れないといけない。外野があれこれ批評を垂《た》れるのは、すべてが終わってからにしてもらいたい。また、本件のように生死に直結する局面でなかったとしても、危機管理の渦中では担当者に極度のストレスがかかる以上、安易な口出しを控えるべきであろう。

コンプライアンスと危機管理は両立しない

本件に関しては、非常に興味深い事実がある。一回目の発破作業は、11日午前中に行なわれる予定であった。実際にも8時30分頃には爆薬装塡《そうてん》のための穿孔作業が終了していたが、発破が実施されたのは16時25分である。

まさに一刻を争う事態なのに、どうしてこれほど遅延したのだろうか。その原因はコンプライアンスである。被害者の全家族に説明し、その同意を取り付けるのに時間がかかってしまったのだ。

コンプライアンスの基本は「適正手続き」である。人命に関わる問題である以上、全家族から同意のハンコをもらうのは当然と言えなくもない。しかし、その手続きに費《つい》やした時間を考えると、「もしも生存者がいたら」と慨嘆せざるを得ない。

ちなみに、この待ち時間のうちに、せっかく穿孔した爆破孔の内部が崩れて、爆薬を深部まで押し込めない状況になってしまったという。つまり、手続きに時間をかけたことは、発破作業が失敗した一因にもなっている。

コンプライアンスは重要であるが、煩雑で時間がかかることは否めない。一刻を争う危機管理の場では、コンプライアンスの担保が人命救出に逆行する場合があり得る。机上の空論とは違って、実務では二兎を追えないケースがあるということだ。

その時にどちらの「兎」を追うのか、危機管理の担当者は覚悟を固めておく必要があるだろう。

第５講　悪魔は細部に宿る

～危機管理マニュアルを見直す際の留意点～

東日本大震災の発生を受けて、危機管理マニュアルの見直しに着手した企業が多い。しかし、そもそも現マニュアルのどこに問題があるのかを認識していなければ、見直し作業がうまく進むはずはない。今回は、筆者のもとに相談を持ち込んできたA社（工業材料メーカー、東証一部上場企業）に対し、どのようなアドバイスをしたかについてご紹介しよう。

問題のマニュアルは、臨海部のプラントで火災事故が発生した際の対処体制に関するものである。A社では、事務所棟の「対策本部」（事業所長が指揮）が全体指揮や社内外との連絡にあたる一方で、事故現場には「現場本部」（消防隊長〈製造部長〉が指揮）を設置し、消火活動や救助活動を統括させることとしている。

（要員招集関係）

・１週間は１６８時間ですが、そのうち労働時間は50時間程度にすぎません。言い換えると、夜間や休日など体制が手薄な時に事故が発生する確率は70％もあるのです。したがって、少なくとも初動段階では、多数の欠員が生じることを想定して、その欠員をどうカバーするのか検討しておく必要があります。例えば、ある班の班長も副班長もともに不在の場合、誰がその班を指揮するのでしょうか。

（対策本部関係）

・対策本部の要員のほとんどが管理職というのは問題です。対策本部といっても、その仕事のかなりの部分は電話連絡やメモの整理、文書作成などの事務作業です。日頃自分で事務作業をしていない管理職ばかり揃えると、かえって仕事の能率が落ちるかもしれません。

・事故が発生すれば、本社が対策本部にあれこれ指示を出したり、報告を求めたりするのは当然です。こうした本社への対応には、かなりの労力を取られる上に、報告漏れなどのトラブルが起きやすいものです。したがって、本社との連絡窓口となる班を編成して、現場への指示事項の伝達とその対応状況の確認、本社への最新情報の報告などに専念させることをお勧めします。

・情報班の責任者に情報システム部長を充てていることは問題です。一口に情報といっても、ＩＴシステムの情報と危機管理時の情報は性質がまったく違うからです。現場業務に精通した者でなければ、事故現場からどんどん上がってくる断片的な一次情報をスムーズに整理することはできません。

（インフラ関係）

・対策本部室の電話の数が少ないですね。できれば要員4人に1台くらいの割合で電話を配置すべきです。対策本部内に協力会社からの派遣者を組み込んでいるのは非常に結構ですが、彼らに電話を割り当てることも忘れないでください。また、電話の不足分を携帯電話で間に合わせるつもりであれば、携帯用の充電器や予備の電池を用意しておかないと、すぐに使えなくなりますよ。

・対策本部室には、無線機、パソコン、プリンター、コピー機、ＦＡＸなど沢山の電子機器が持ち込まれます。電源の容量が十分かどうか確認しておかないと、いきなりブレーカーが落ちることになりかねませんので注意してください。

（現場本部関係）
・現場のことは現場でないとわからないので、現場で対策に従事する消防隊、工作班、設備班などを現場本部が統轄指揮することは理解できます。しかしそのためには、現場本部に十分な情報処理能力を持たせないといけません。無線機の数を増やすだけでなく、プラント内に無線の不感地帯がないかどうかも確認してください。
・消防隊長である製造部長が不在の時には、副隊長の保安係長が現場本部の指揮を執るというご説明ですが、これで上手くいくでしょうか。現場本部の指揮下にある各班の班長には部長級の管理職がずらりと揃っています。いかにベテランといえども、係長という立場ではなかなか掌握は難しいと思います。

以上のアドバイスは、いずれも細かい話ばかりなので、がっかりした読者も少なくないだろう。しかし、「悪魔は細部に宿る」という警句がある。ちょっとしたバグによってＩＴシステム全体がフリーズしてしまうように、些細《ささい》なトラブルでも危機管理全般に大きなダメージを与えかねない。危機管理マニュアルを机上の空論に終わらせたくないのであれば、細かい点をリアルに追求する姿勢が欠かせないのである。

第6講　仏作って魂入れず

～危機管理の訓練は怠りないか？～

客船コスタ・コンコルディア号の事故

　1912年、北大西洋航路で豪華客船タイタニック号が沈没し、約1500人が死亡する惨事となった。この悲劇の原因の一つとして、乗客乗員の総数約2200人に対し、同船に積載されていた救命艇には1178人分の収容能力しかなかったことが挙げられる。

　その教訓を踏まえて、国際航海をする旅客船は、定員の125％に相当する救命艇（救命筏を含む）を配備することとされている。しかし、救命設備さえあれば大丈夫というわけでもない。

　タイタニック号事件からちょうど100年後の2012年1月、乗客乗員約4300人を乗せた客船コスタ・コンコルディア号がイタリア半島西側のティレニア海で座礁して転覆した。余興のために本来のコースを外れてジリオ島という観光地に接近した際に、転進の指示が遅れたことが原因であった。事故による人的被害は、死者30人、行方不明2人、負傷者60

人以上に達した。

この事故では、乗員による避難誘導が不十分だったことが被害の拡大につながった。船の最高責任者である船長が、乗客を置いて先に避難したというスキャンダルはよく知られている。さらに、避難の決定やSOS信号の発出が遅延したこと、乗客に対する説明が混乱したこと、乗組員が救命艇の下ろし方を知らずに避難準備が遅れたことなど様々な不始末が重なった。

そのため一部の乗客がパニック状態に陥り、我がちに救命艇に乗り込もうとする場面まで発生したという。死者のほとんどは、救命艇を待ち切れずに海に飛び込んだり、混乱の中で海中に落下したりして、冷たい海水による低体温症で死亡したものと見られる。

本事故の場合、座礁してから転覆するまでに50分程度の間隔があったこと、転覆後も船体の相当部分が水上に露出した状態であったこと、転覆位置がジリオ島近傍のため島民がすぐに救助に参加してくれたこと、そして何よりも天候が穏やかだったことなどの幸運な条件が重なったため、被害は比較的軽微であった。もしも沖合で沈没し、さらに強風や降雨などの悪条件が重なっていたら、タイタニック号に匹敵する大惨事となっていただろう。

ちなみに、船舶関係規則では、乗員に対して救命設備に習熟することを義務付けている。

コスタ・コンコルディア号でも2週間に1度の割合で訓練を実施していたとされるが、それでもこの有様《ありさま》というわけだ。

避難訓練が疎《おろそ》かにされる理由

この事故の報道を聞いた友人は、「まったくイタリア人のやることは」と呆《あき》れていたが、筆者は「日本だって同じだよ」と言い返した。つい先ごろ、ぞっとする経験をしたからだ。

筆者は、長女を通わせる進学塾を選ぶために、渋谷駅周辺のA塾を訪問した。駅から徒歩3分と近い場所だが、かなり古くて細長いビルの3階から6階にA塾は入居していた。駅周辺というのは塾の立地として必須の条件だが、それでも採算を取ろうとすれば、こうした賃料が安い物件を選ばざるを得ないのだろう。

このビルの1、2階が飲食店、つまり火気を扱う店舗である上に、周辺はいわゆる雑居ビルばかりなので、なによりも火事が懸念される。そこで内部に入って調べてみると、教室は4階から6階に設けられていたが、階段は一つだけであった。これでは、もしも飲食店で火事が起きたら、上層階にいる子どもたちは逃げ場を失ってしまう。

他に避難経路はないかと探すと、窓際に緩降機《かんこうき》が付いているのを見つけた。読者の皆さんもご存じかもしれないが、この緩降機なるものは操作が面倒くさい上に、1人吊り下ろすにもかなり時間がかかる。授業中の教室には子どもが何十人といるし、吊り下ろされる際に怯《おび》える子も出るだろうと考えると気になってしょうがない。

そこで3階の事務室に行って、「このビルには、避難階段がないのですか」と受付の女子事務員に質問した。すると彼女は、「避難階段ですか……」と言葉に詰まり、助けを求めるように同僚を見やったが、そちらも当惑した表情で首を振るばかりだった。ようやく上司らしき人物が出てきたが、驚いたことに彼も避難階段や緩降機について何も説明できなかった。ちなみに、その事務室には数人の講師も居合わせていたが、誰一人として私の質問に答えようとする者はいなかった。

問題のビルは、前述のように飲食店がテナントに入っているので、特定防火対象物に該当する。消防関係法令は、こうした特定防火対象物のビルでは防火管理者を設置して消防計画を作成するとともに、消火・避難訓練を年2回実施しなければならないとしている。A塾でどの程度の訓練を行なっているのかは知らないが、避難階段の有無さえ答えられないようでは話にならない。

大勢の子どもを預かる事業者でありながら、あまりのいい加減さを目の当たりにして、いかりや長介《ちょうすけ》のように「だめだこりゃ」と嘆息《たんそく》するしかなかった。このまま放置して万一のことがあってはいけないと、さっそく管轄の渋谷消防署にも通報した。

危機管理は、設備というハードと、習熟度というソフトが揃って初めて機能する。このうち設備というハードは、カネさえ出せばすぐに整備できる。しかし、関係者が対処要領に習熟しているかどうかというソフト面は、外形だけではわからないため、とかく疎かにされがちである。また、しっかり対処要領の訓練を実施したとしても、関係者の顔触れは人事異動でどんどん入れ替わっていくので、２年も放置すれば習熟度はガタ落ちとなる。

まさに「仏作って魂入れず」ということだ。コスタ・コンコルディア号の一件は、決して他人事ではないと心に刻みつけるべきだろう。

第7講　すべてを守ろうとする者は何も守れない

～戦力集中の重要性～

警察本部に投げつけられた生卵

本節は筆者の自慢話であり、読者の皆さんには鼻に付く内容かもしれない。しかし、具体論として筆者の経験を語れば、自慢話か失敗談のいずれかになるのは避けられないので、どうか大目に見ていただきたい。

筆者がA県警察本部に勤務していた時の話である。出勤時に警察本部の正面玄関を通りかかると、何やら白い破片が落ちている。拾い上げてみると、生卵の殻であった。

「どうしてこんなところに卵が」と不思議に思って玄関の職員に質問すると、驚くべき答えが返ってきた。「夜中に暴走族が卵を投げつけていくんですよ。当直の者が掃除していますが、今朝は少し残っていたようですね」

当時のA県では、深夜に何十台もの車両やバイクを連ねた暴走集団が我がもの顔で走りまわり、かねてから筆者も苦々しく感じていたが、まさか警察本部までも連中の悪戯《いたずら》の的になっているとは思わなかった。仰天した筆者が交通部門に乗り込み、どうして暴走族を野放しにしているのかと交通機動隊長に詰問すると、その苦しい事情を説明してくれた。

暴走族を検挙するには、彼らが乗っている自動車やバイクを停止させなければいけない。しかし、連中もそれをよく心得ていて、幅員の広い道路をノンストップで走り続ける。密集隊形で暴走する彼らの行く手を遮《さえぎ》れば、衝突事故を誘発するおそれがある。さらに、パトカーの前で「ケツ持ち」と呼ばれるバイクが蛇行《だこう》運転を繰り返して邪魔をする。パトカーとしても、彼らに追突するといけないので、思い切った行動を取ることができない。

要するに、警察側が怪我人を出さないように配慮しているのをいいことに、暴走族はやりたい放題というわけだ。自分の安全は警察が守ってくれると甘えて、他の車両に対する危険行為を繰り返しているのだから、幼児性の極みと言えよう。

暴走族の大量検挙

それでは、何とかして連中にひと泡吹かせる方法はないのかと重ねて質問すると、包囲作戦について教えてくれた。一区画の街路の周辺に隠密裏に警察部隊を配置し、暴走族がその街路に入り込んだ段階で封鎖して、一網打尽にするのである。ただし、この作戦には約１０

0人もの警察官を必要とするので、滅多に実施できないということだった。

A県警察本部における筆者の役職は警備部長であり、暴走族の取締りは担当外である。しかし、自分の職場が虚仮《こけ》にされているとなれば黙っていられない。

警備部の管轄下に管区機動隊という組織がある。サミットやAPEC（アジア太平洋経済協力会議）のような重要イベントや災害などの緊急時に、各警察署に10名前後配置されている直轄警ら隊（警察署長直轄のパトロール班）を招集して警備活動に充てるのである。その管区機動隊を暴走族対策に投入することにした。

県警内部での手続きはきちんと整えたが、こうしたやり方は管区機動隊の本来の目的からは外れており、一部には批判する声もあったと聞いている。さらに、一時的とはいえ直轄警ら隊を引き抜かれる警察署の側も、口には出さずとも不満を抱いたことだろう。

しかし、この戦力集中の効果は絶大であった。数十人の暴走族を車両もろとも一斉検挙した時などは、筆者も「思い知ったか、この餓鬼《がき》ども!!」と喝采を上げたものだ。連続して大きな打撃を受けた暴走族は活動を縮小せざるを得ず、やがて集団暴走は影を潜めた。もちろん県警本部に生卵が投げつけられることも無くなった。

最後は意志の問題

戦力の集中投入は、誰でも知っている基本原則であるが、「言うは易く行なうは難し」である。組織内の戦力（ヒト、モノ、カネ）が限られている以上、戦力を集中することは、他の部署から戦力を引きはがすこととイコールであるからだ。

大抵の管理職は、「自分の部署は戦力が足りない」と考えている。たとえ実際には余裕があったとしても、そんなことを口に出す馬鹿はいない。当然、戦力を引きはがされる部署は陰に陽に抵抗するため、どうしても戦力集中は不徹底になりがちとなる。そういう時に必要とされるのが、「誰が何と言おうとこの仕事をやる。それにはこれだけの戦力を集めることが不可欠だ」と言い切る意志の力である。ある意味で、「独善」と紙一重とさえ言えよう。

日本企業の経営者の傾向として、バランス感覚が豊富で社内調整には長《た》けているが、こうした意志の力で押し切ることは苦手である。そのため、「選択と集中」という言葉がもて囃《はや》されながらも、現実には中途半端な経営が続けられた結果、あれこれ事業を手がけている割に何一つ光るものがない企業が増えている。他人事ながら、こんな有様で10年後にどうやって食べていくつもりなのかと心配になるほどだ。

プロシアのフリードリヒ大王の格言に「すべてを守ろうとする者は、何も守り得ない」とある。戦力を広く分散しているところに、敵方の集中攻撃を受ければ突破されるのは当然である。サムスンにあって日本企業に足りないもの、それは経営者の意志の強さではないだろうか。

第８講　最悪の状況で踏みとどまらせるもの

～東峰十字路《とうほうじゅうじろ》事件の教訓～

先日、長らく警察大学校の講師を務めていただいた佐々淳行先生が、ご高齢のために退職された。佐々先生は、読者の皆さんもよくご存じの危機管理の大家であり、ご講義を聞けなくなるのは寂しくてならない。

その一方で、佐々先生がご経験された東大安田講堂事件は１９６９年、連合赤軍あさま山荘事件は１９７２年に発生した事案であるので、それ以後に生まれた読者も少なくないはずだ。ちなみに、１９８４年に警察庁に入った筆者は、１９８５年の10・20成田現地闘争や11・29国電同時多発ゲリラ事件（浅草橋駅放火事件）など極左暴力集団の武装闘争を経験した最後の世代ということになる。

こうした「荒れ場」を潜り抜けてきた先達がどんどん退職し、記憶が風化していく中で、何とかして危機管理のノウハウを語り伝えていかなければならない。本節では、東峰十字路事件を題材に、最悪の状況に直面した時に何が支えになるかについてご説明しよう。

3人の警察官が殉職

筆者が警察庁で見習い勤務をしていた時の同僚で、神奈川県警から出向中のKさんが、当直勤務の際に訥々《とつとつ》と語ってくれたのが東峰十字路事件の経験談だった。事件が発生したのは、成田空港建設予定地内にある反対派の土地を収用するために、第二次行政代執行が行なわれた1971年9月16日のことである。

神奈川県警の特別機動隊第2大隊約240人は、午前4時に川崎を出発して、同6時30分頃に東峰十字路に到着した。新任の警察官だったKさんもその1人だった。

当時は今日のような輸送用バスではなく、幌《ほろ》付きのトラックに乗車していたため、乗り心地が悪くて身体がガチガチに凝ってしまったという。ようやく降車命令が出て、トラックの外でやれやれと背筋を伸ばしていると、いきなり火炎瓶による襲撃が始まった。道路の周囲には背の高い雑草が繁茂《はんも》していたが、その中に数百人の反対派が待ち伏せしていたのである。

火炎瓶というと、コーラ瓶にガソリンを詰めたものを思い浮かべるかもしれないが、この現場で使われたのは一升瓶であった。それが発火すると、十数メートルもの高さに火柱が噴き上がる。事件後の検証では、田舎道の交差点にすぎない東峰十字路のまわりに、一升瓶の破裂跡が数百箇所も発見されたという。

Kさんは剣道の高段者である上に、Yシャツの上からでもはっきりわかるほど筋骨隆々《きんこつりゅうりゅう》とした方で、筆者も武勇談を期待した。しかしKさんは、「周囲で火炎瓶が次々と破裂し、俺たちは逃げ惑うだけだった。自分は近くの沼に飛び込み、頭から水草を被るようにして隠れたので助かった」と静かに語った。

反対派の奇襲を受けた特別機動隊は、あっという間に四分五裂してしまった。逃げ遅れた隊員たちを、鉄パイプや竹やり、角材などで武装した反対派が取り囲んで滅多打ちにした。重傷を負った隊員が動けなくなると、そのヘルメットをはぎ取って、頭部に鉄パイプを振り下ろした。この事件で3名の警察官が殉職したが、いずれも死因は脳挫傷で、ご遺体の損傷は酸鼻《さんび》を極めたものだった。その他にも数十名の警察官が重傷を負った。

寄せ集め部隊の崩壊

この事件の教訓は、次の3点となる。第1の教訓は、戦力を分散してはいけないということだ。問題の東峰十字路は、第二次行政代執行が行なわれた「主戦場」からかなり離れた場所である。そこに特別機動隊を配置したのは、外周警戒が目的であったが、反対派が実質的に支配する地域に孤立した形となり、格好の標的とされてしまったのだ。

第2の教訓は、準備不足で事に臨んではならないということである。特別機動隊は、当日早朝に神奈川県を出発し、そのまま現場に乗り込んだため、周辺の状況をまったく把握していなかった。さらに、隊員たちが輸送用トラックから降車して、まだ隊列を整えていない段階、つまり最も脆弱な時に反対派の襲撃を受けてしまった。

第3の教訓は、成田闘争のような荒れる現場に、「弱い部隊」を投入すべきでなかったということである。常設の警備部機動隊や管区機動隊と違って、特別機動隊は、刑事や交番勤務の若手警察官を集めて臨時編成した部隊であった。

ただし、特別機動隊の個々の隊員が「弱い」という意味ではない。日頃訓練を重ねている常設の機動隊員に比べると持久力では劣るかもしれないが、もともと警察には武術の有段者が揃っており、特に刑事には腕自慢が多かった。「弱い」のは個々の隊員ではなく、集団としての話である。臨時編成の特別機動隊は、いわば寄せ集めで結束が弱かったため、奇襲攻撃を受けると部隊があっさり崩壊してしまったのだ。

この東峰十字路事件の反省を受けて、以後の成田現地闘争の警備計画では、外周警戒部隊をあまり遠方に配置しないこと、機動隊を前日までに成田に集結させて、準備万端の形で投入すること、特別機動隊は絶対に使わないことの３点が原則とされた。

「戦友意識」がカギ

戦国時代の合戦では、両軍が激しくぶつかり合っている時の戦死者は非常に少ない。戦死者の大半は、合戦の勝敗が決まって、敗者が退却する時に発生する。敗者の側は、迫りくる死の恐怖から集団が崩壊し、われ先に逃げることしか頭にない烏合《うごう》の衆と化す。そして、後尾の者から次々と討ち取られていくのである。

ただし、そうした敗軍の中でも、精鋭部隊が殿軍《しんがり》を務め、攻め寄せる敵勢を跳ね返しながら、味方を無事退却させることに成功したケースが無いわけではない。例えば、徳川家康《とくがわいえやす》配下の武将本多忠勝《ほんだただかつ》は、こうした退却戦の名手だったと伝えられている。

それでは、精鋭部隊の要件である結束力は、何から生み出されるのだろうか。読者は職業倫理や使命感を思い浮かべるかもしれないが、これらはあくまで個人的なものであり、集団を動かす原理とはなり得ない。筆者が「荒れ場」の経験者から聞き込んだところによると、ポイントは「戦友意識」である。

東峰十字路事件における唯一の活路は、隊員が一丸となって反対派の中に突入し、その包囲を破ることだった。しかし眼前に群がる暴徒や噴き上げる火柱が怖くないはずがない。その恐怖心を乗り越えるのが、「俺が突っ込めば、必ず後ろに『戦友』が続いて来てくれる」という信頼感や、「ここで俺が1人で逃げたら、『戦友』に合わせる顔がない」という廉恥《れんち》の気持ちである。こうした「戦友意識」を築くには、苦楽を共に分かち合ってきた時間の重みが不可欠なのだ。

このことは、苦境に直面した企業にも当てはまる。いろいろチャレンジして突破口を開かないといけない時に、「誰も後に続かずに梯子を外されてしまうのではないか」と不安にかられたり、「誰か先頭に立ってくれないか」と互いに顔を見合わせたりしているようでは話にならない。

筆者に言わせれば、経営悪化時のリストラは最悪の選択である。人件費の削減により財務諸表は一時的に改善するかもしれないが、「次にリストラされるのは誰だ」という疑心暗鬼が膨れ上がり、無形の財産である社内の「戦友意識」を喪失させてしまうからだ。その結果、一丸となって苦難を跳ね返そうとする反発力が失われ、ジリ貧のスパイラルに落ち込むことになる。

社員の1割をリストラするくらいなら、全員の給料を2割減らして辛苦を分かち合ったほうがよい。どうしてもリストラが避けられないのであれば、一度きりとすべきだろう。もしも二度目のリストラをする事態となれば、会社はもう終わりだと経営者は覚悟したほうがよい。

第3章

日本の安全保障

第1講　技術経営とは何か

～ジェットエンジン開発の苦節60年～

「アドーアの悲劇」

太平洋戦争の緒戦では、日本の零式艦上戦闘機や一式戦闘機が大活躍したが、中盤以降の航空戦では米軍に圧倒された。「物量に負けた」というだけでなく、軍用機の性能を大きく左右するエンジンの品質、特に信頼性の面で劣っていたからだ。エンジンはいわば「冶金《やきん》技術の結晶」であり、ノウハウの蓄積に関して米国には遠く及ばなかったのである。

戦後になると、航空機用エンジンはレシプロエンジン(注)1からジェットエンジン(注)2に移行し、技術革新が進展した。この時期、敗戦国の日本では航空機の開発が禁止されていたため、大きく立ち遅れることになった。

1952年にようやく禁止が解け、IHI・三菱重工・富士重工など5社の共同により、自衛隊の練習機T-1用の小型ジェットエンジンJ3の開発がスタートした。しかし、トラブルが相次いで開発が遅延したため、防衛庁ではやむなくT-1の初期・中期生産型に英国製エンジンを採用した。ここで企業側は大きな決断を迫られることになった。

ただでさえ開発期間の超過によりコストが嵩《かさ》んだ上に、Ｊ３の受注数が大幅に減ったことで、巨額の赤字となることが予想されたからだ。５社の話し合いの結果、Ｊ３の製造権をＩＨＩが引き取ることになった。わかりやすく言えば、他の４社は手を引いたのである。

その後ＩＨＩは、エンジン関係の要素技術の研究に努めるとともに、海外メーカーのエンジンの整備やライセンス生産を通じて、ノウハウを少しずつ蓄積していった。それでも海外勢との差は大きく、１９７７年から調達を開始した日本初の超音速戦闘機Ｆ－１のエンジンには、ロールスロイス社の「アドーア」が採用された。

「アドーア」の最大推力（アフターバーナー使用時）(注)3は約３トンと低く、戦闘機用エンジンとしてパワー不足は否めなかった。ロールスロイス社は日本側への技術指導に非協力的であったため、ＩＨＩの技術陣が知恵を振り絞って改良し、ライセンス生産した「アドーア」のパワーを若干増加させることに成功した。

ところが、技術供与契約に基づいて、ＩＨＩによる改良のノウハウはすべてロールスロイス社に提供された。同社では、それに独自の改良を加えて「アドーア」の性能を大幅に引き上げたが、その改良型「アドーア」の対日供与は拒否した。その結果、Ｆ－１戦闘機は、アフターバーナーを吹かさないと離陸できないほどのパワー不足に泣かされることになった。

この一件は、日本の航空技術者の間で「アドーアの悲劇」と語り伝えられているが、決して努力が無駄になったわけではない。後に米国のF-15戦闘機を航空自衛隊が導入した際に、「アドーア」改良のノウハウを活かして、P&W社の高性能エンジンF100（最大推力8トン）をIHIがライセンス生産することに成功したのである。

「不平等条約」となったF-2の開発

F-1に続く国産戦闘機F-2の開発計画が本格化したのは、1980年代後半である。島国の日本に対し、敵軍は海路で侵攻部隊を送り込んでくると予想される。F-2の任務は、その敵船団に対艦ミサイルを撃ち込んで撃滅することである。1機当たり4発の対艦ミサイルを搭載する予定だったが、その条件に適合する機体はどの国にも存在せず、日本としては、それまで蓄積した技術をもとにF-2を独自開発する計画であった。

ところが米国から横槍が入り、米国製のF-16戦闘機を原型としてF-2を共同開発する計画に変更された。様々な技術を組み合わせて一から機体を構築する「システムインテグレーション」について、日本側が経験を積む機会を奪おうとしたのである。(注)4 さらに、共同開発といいながらも、その実質は、日本側の一方的な持ち出しであった。

Ｆ−２の開発に当たって、日本は最先端の技術を投入した。例えば、軽量の炭素繊維強化複合材で成型された主翼や、広範囲の目標探知が可能なＡＥＳＡ（アクティブ式電子走査アレイ）レーダーの導入は、実用機としては世界初である。ところが、「アドーア」と同様に、これらの技術はそのまま無償で米国に供与された。さらに生産面でも、機体価格の４割に相当する機材を米国企業に製造させることになった。あまりに米国に有利な契約内容であったため、与党の自民党内からも反発の声が上がったほどだ。

日本が共同開発を受け入れた背景として、当時の米国が財政赤字と貿易赤字の「双子の赤字」に苦しみ、「ジャパンバッシング（日本叩き）」を展開していたことが挙げられる。スーパー３０１条（対日報復措置）の発動をちらつかせて恫喝《どうかつ》する米国に対し、日本としても政治的に配慮せざるを得ない状況であった。

それにも増して問題だったのは、依然として日本には、高性能エンジンを自力で開発するだけの技術がなかったことだ。Ｆ−２戦闘機に採用された米国ＧＥ社のＦ１１０エンジンの最大推力は約13トンに達したが、同時期にＩＨＩが開発したＦ３エンジンは約１・７トンにすぎなかった。肝心のエンジンを米国に依存せざるを得ない以上、どのような無理難題も受け入れるしかなかったのだ。

そして将来戦闘機へ

その頃、民間機用エンジンに関しては大きな前進があった。1970年代に通産省（当時）の肝煎《きもい》りで開発された研究用エンジンFJR710が高く評価され、欧米メーカーから共同開発のパートナーとして認知されるようになったのである。

1983年には、米・英・独・伊との国際合弁事業であるIAEが設立された。IAEが開発したV2500エンジンは、エアバスA320シリーズに搭載され、累計販売数が5000基を超えるベストセラーとなった。かくしてエンジン事業が軌道に乗り、IHIは着実にノウハウを蓄積していった。

それでも、巡航時の経済性を重視する商用機のエンジンと、瞬発的なハイパワーの発揮を求められる戦闘機のエンジンは次元が異なる。わかりやすく喩《たと》えるなら、一般乗用車とフォーミュラ・ワンの違いのようなものだ。そこで、1995年に実証エンジンの研究がスタートし、2009年にXF5が完成した。

XF5の最大推力は約5トンであるが、「まだまだ推力が小さいじゃないか」と言わないでほしい。あくまで研究用エンジンなので、実用エンジンよりも小ぶりに作ってあるのだ。エンジン性能の指標である推力重量比（＝最大推力／エンジン重量）で見るとＸＦ５は約８という数字で、現在の米国の主力エンジンと変わりない。要するに、トップランナーである米国の背中が見えるほどに距離が縮まったということだ。

この辺りまで来ると、まさに限界への挑戦である。エンジンの直径を抑えたままで、[注5]推力を上げるには多くの燃料を燃やさないといけないので、エンジンは極めて高温になる。ＸＦ５では、タービン入口の温度が１６００度にも達するそうだ。まさに鉄をも溶かす温度（鉄の融点は約１５００度）に耐え、さらに凄まじい推力を受け止めながら高速回転するエンジンを開発するには、空力、熱力、燃焼、伝熱、構造・振動、潤滑、材料、制御、加工、計測等あらゆる工学分野の先進技術が必要とされる。まさに高度なインテグレーション技術の集大成なのである。

しかも、防衛省技術研究本部がＩＨＩ主契約者で将来戦闘機向けに研究中のエンジンは、さらにその上を行く。ハイパワースリムエンジンを目指し、推力は実に15トン、高温化タービン技術等の駆使によりタービン入口温度１８００度という「怪物」である。よくぞここまで技術を蓄積したものだと驚嘆せざるを得ない。Ｆ−１、Ｆ−２の苦い経験を土壌に、60年にわたる努力がようやく花開く時が来たのである。

技術力は交渉力

それでは、今回のエピソードから何を学ぶべきだろうか。筆者は、ロールスロイス社や米国を悪辣《あくらつ》というつもりはない。彼らは日本と交渉して契約を結び、その契約に則《のっと》って果実を得ただけである。

これに対して「何が契約だ!! エンジンを独自開発する技術がない日本の足元を見て、一方的に条件を押し付けただけではないか」との反論もあろう。しかし、交渉とはそういうものだ。こちらが喉《のど》から手が出るほどに必要としているものを相手が持っていて、しかもそれを供給できる者が他にいないのだから、相手の交渉力が強くなるのは当然である。

立場を変えれば、このように「足元を見る」ことを不快に感じるのが日本人の弱さと言えよう。機会主義的行動を取れば、相手との協調関係が崩れてしまうと危惧《きぐ》する気持ちは理解できる。しかし、メンタリティを共有する日本企業同士で商売をしていた時代ならばともかく、外国企業にその流儀《りゅうぎ》が通じるのだろうか。こちらが「思いやり」を示せば、相手も「思いやり」で返してくれるのだろうか。

これからの日本企業の生命線は技術である。自社の技術をできるだけ高く売ることは、経営者にとって当然の仕事と考えないといけない。それにもかかわらず、途上国の企業から派手な接待を受けて舞い上がった日本経営者が、大物きどりで鷹揚《おうよう》に技術を供与した結果、コピー商品に市場を荒らされるようになったという話を耳にするのは淋《さび》しいかぎりだ。

また、技術の育成は将来に向けての投資であり、高く売れる技術は何かを考え、開発の方向を絞り込むとともに、技術育成に必要なカネを割り振ることも経営者の重要な仕事である。これに関しても、ＩＨＩが格好のエピソードを提供してくれる。

今日では、エンジン事業を中核とするＩＨＩの航空宇宙事業本部は、売上高約４０００億円という大黒柱に成長した。しかし、前述したＪ３エンジン開発の頃は、まったく展望が開けぬままに多額の研究費を飲み込む「金食い虫」でしかなかった。そのエンジン事業を続けるために、当時の花形部門であった造船事業の利益を注ぎ込んだのが土光敏夫《どこうとしお》社長（当時）であった。「メザシの土光さん」で知られる名経営者である。土光敏夫氏の先見の明がなかったならば、今日のエンジン事業は存在しなかったことだろう。

技術を育てるのも、それをカネに変えるのも経営者の仕事である。「技術は大切だ」と一般論を繰り返すだけで、具体的な行動を取ろうとしない経営者は、ウサギが切り株にぶつかるのをじっと待っている「守株《しゅしゅ》」の農民と変わりないのだ。

(注)

1　一般の自動車用エンジンのように、燃焼エネルギーをまずピストンの往復運動に変え、それをクランクシャフトにより回転運動に変換してプロペラを回すエンジン。

2　外部から取り込んだ空気に燃料を吹き込んで噴流（ジェット）を生成し、その反作用を推進に利用するエンジン。

3　ジェットエンジンの排気に燃料を吹き付けて燃焼させる装置。高い推力を生み出すことができる一方で、短時間に大量の燃料を消費するとともに、エンジンを傷めるという欠点がある。

4　とは言っても、F-2開発に当たった日本側の技術陣は、「原型のF-16と似ているのは外見だけ」というほどの「魔改造」（ネットスラング。通常ありえないような改造を施すこと）を実施することにより、システムインテグレーションのノウハウを蓄積することに成功した。

5　推力を上げるためにエンジンの直径を大きくすると、それだけ空気抵抗が大きくなる上に、機体への収納が困難になってしまう。

第2講　都合の悪い事実を糊塗《こと》するな

～尖閣《せんかく》問題に関する2件のエピソード～

筆者は、尖閣問題は極めて重要かつ微妙な政治問題と認識しているため、現時点で見解を述べることは差し控えたい。しかし、この問題に付随して２０１２年に発生した次の２件のエピソードは、危機管理の具体論を語る上で格好の素材である。

丹羽《にわ》大使公用車襲撃事件

２０１２年８月27日、丹羽宇一郎《ういちろう》在中国日本大使の乗った公用車が、北京《ペキン》市内を走行中に二台の車両に進路をブロックされて停止したところ、相手車両から降りてきた中国人らしき男が公用車のフロントに掲げていた日本国旗を奪い取るという事件が発生した。このニュースに「中国の反日運動はそこまできたか」と慨嘆された読者も多いだろうが、筆者の頭に真っ先に浮かんだのは、「外務省の危機管理はこれで大丈夫なのか」という疑問だった。

そもそもこのような場合には、絶対に車両を停止してはならない。相手車両に体当たりしてでも突破するというのがテロ対策上の原則である。VIPの車両を高級車にしているのは、単に豪華だからというわけではなく、妨害車両を跳ね飛ばすだけのパワーと頑丈な車体を備えていることが大きな理由である。

「そんな大袈裟《おおげさ》な」と読者はお考えになるかもしれない。しかし、外交車両の進路を塞いで停止させようとすること自体、相手が重大な悪意を抱いている証左《しょうさ》である。今回は日本国旗を奪い取られる程度（それでも外交的には重大な恥辱であるが）で済んだが、テロリストによって丹羽大使が暗殺あるいは誘拐される可能性も十分に考えられるケースだった。

「いったん停止して相手の様子を見て、危ないと思ったら急発進して逃げればよい」というのは机上の空論である。高速で回避走行をする車両に銃の狙いをつけるのは容易でないが、停止した状態であれば、30発入りの弾倉がカラになるまで銃弾を撃ち込むのに5秒とかからない。今回のような状況では、決して車両を停止させずに現場から離脱するのがテロ対策上のグローバルスタンダードである。

実は日本の外務省でも、ペルー大使公邸人質事件を契機に在外公館の警備を諸外国並みに強化し、公用車の運転に関しても危機管理マニュアルを整備したとされる。それにもかかわらず、このようにお粗末な対応となってしまったのは問題である。いかに立派なマニュアルを整備しても、マニュアルどおり行動できるかどうかは日頃の訓練にかかっていることを忘れてはならない。

ただし、本件に関しては、もう一つのストーリーの可能性も小さくないと筆者は考えている。

相手車両は進路を塞ぐ以前に、公用車に幅寄せするなどの妨害行為を繰り返しており、その間に相手の様子を分析することは可能だった。その上で、「こいつらはテロリストでなく、単なる跳ね上がり者にすぎない。この機会に外交的非礼をとがめて中国当局に『貸し』を作り、反日運動の鎮静化に向けて誘導しよう」と計算ずくでやらせたとしたら、丹羽大使はなかなかの策士だったということになるが、読者はどう思うだろうか。

海上保安庁の公務執行妨害罪に関する判断

もう一件のエピソードは、香港《ホンコン》の活動家の尖閣諸島不法上陸事件を巡って、海上保安庁が2012年8月27日にビデオ映像を公開した際に、活動家が巡視船めがけてレンガを投擲《とうてき》する様子が記録されていたのに、海上保安庁側では公務執行妨害罪に該当しないと説明したことだ。

筆者がＹｏｕＴｕｂｅで画像を検証したところでは、レンガが当たったことまでは確認できなかった。しかし、投擲した距離がわずか数メートルしか離れていないので、巡視船の船体に当たったものと判断してよいだろう。

公務執行妨害罪については、刑法第95条に「公務員が職務を執行するに当たり、これに対して暴行又は脅迫を加えた者は、三年以下の懲役若しくは禁錮又は五十万円以下の罰金に処する」と規定している。海上保安庁による領海警備や入管法違反事件の取締りが「公務員の職務執行」であることは言うまでもなく、問題は活動家の行為が「暴行」となるかどうかである。

新聞報道によれば、海上保安庁は、公務執行妨害罪に該当しない理由として、海上保安官が負傷していないこと及び実際に公務が妨害されていないことの二点を挙げている。

しかし、「大コンメンタール刑法　第4巻」（青林書院）によると、公務執行妨害罪の「暴行」とは、「公務員に向けられた不法な有形力の行使であり、直接に公務員の身体に対して加えられる必要はなく、直接には物に対して加えられた有形力の行使であっても、それが公務員に向けられたものであればよい」（同123頁、傍点筆者）とされている。つまり、「物」である巡視船に対してなされた行為でも「暴行」と解され、海上保安官が負傷したかどうかは犯罪の成立とは無関係である。

さらに、実際に公務が妨害されることも必要ではない。この点については、最高裁昭和25年10月20日判決が「公務執行妨害罪は公務員が職務を執行するに当たりこれに対して暴行又は脅迫を加えたときは直ちに成立するものであって、その暴行又は脅迫はこれにより現実に職務執行妨害の結果が発生したことを必要とするものではなく、妨害となるべきものであれば足りうるものである」（傍点筆者）とはっきり述べている。ちなみに、投石行為に関する過去の判例では、ただ一回投げただけのケースや、石が命中しなかったケースも有罪と認定している。

したがって、今回の香港の活動家によるレンガの投擲は、間違いなく公務執行妨害罪に該当する。海上保安庁側の説明は、長年にわたって積み上げられてきた法解釈や判例から大きく逸脱するものだ。

念のために申し上げると、筆者は何が何でも本事件を立件せよと主張しているわけではない。たとえ犯罪の構成要件に該当する行為であっても、様々な事情を勘案した結果、立件を見送ると判断したのであればそれでもよい。

しかし、そうした事情を説明すれば世間の批判を浴びるからと、法解釈を敢えて歪《ゆが》めるような真似をするべきではない。それが新しい先例となって、今後の公務執行妨害の取締りに大きな悪影響を及ぼしかねないからだ。大津《おおつ》事件の際の児島惟謙《こじまこれかた》大審院長（現在の最高裁長官）の対応を挙げるまでもなく、法治国家においては、法律をご都合主義で捻《ね》じ曲げることがあってはならない。

誰しも嫌なことは避けて通りたいものだ。しかし、都合の悪い事実関係を糊塗しようとする行為は、より重大な失敗へとつながる近道であることに気付くべきである。

第3講　「毅然たる対応」の覚悟と準備はあるか

～反日デモと戦略的思考～

意味不明の「毅然たる対応」

日本政府は、２０１２年９月11日の閣議で、沖縄県石垣《いしがき》市の尖閣諸島を地権者から購入して国有化することを決定した。これに対して中国各地で反日デモが発生し、日系企業が暴徒の襲撃により大きな被害を受けることとなった。本節では、この問題を題材として戦略的思考について論じることにしよう。

反日デモに先立ち８月15日に香港の活動家が尖閣諸島に不法上陸した事件では、テレビ・新聞などのマスコミに登場した論者のほとんどが「毅然《きぜん》たる対応」を政府に求めた。しかし、この「毅然たる対応」とは何なのだろうか。

岩波書店の『広辞苑』によると、「毅然」とは、「意志が強く、物事に動ぜずしっかりしているさま」とある。その意味では、尖閣諸島をわが領土とする日本政府の姿勢は不変なので、「毅然」に該当するようにも思えるが、論者の主張を聞くとそうではない。「対決姿勢を明確に示す」という趣旨で「毅然」を用いている。

それでは、「毅然たる対応」の実践として、どこまでを対象としているのだろうか。不法上陸した活動家を強制送還せずに、公務執行妨害罪で事件化すべきだったという点ではコンセンサスがあるようだ。しかし、次のような案件については、「毅然たる対応」論者の中でも見解が分かれるはずである。

・そもそも不法上陸させないように、負傷者が出ても構わずに抗議船への強行接舷や拿《だ》捕《ほ》などの実力行使をすべき
・灯台や港湾の設置など日本の実効支配を強化する施策を進めるべき
・尖閣周辺の資源開発を日本単独で開始すべき
・尖閣諸島を守るために防衛力を整備すべき

こうした具体策にまで踏み込む論者が少ないのは、「毅然たる対応」を求めるだけに留めておけば、誰からも批判されるおそれがないからだろう。そもそも批判されるのが嫌であれば、何も論じなければよいのだが、今の時代にそうした謙譲さを求めるのは無理なのかもしれない。

さらに、「毅然たる対応」がどうやって問題解決に結び付くのかという肝心な点も明確で

はない。おそらくは、「理は日本側にあるのだから、日本側が毅然と主張すれば相手国もわかってくれるはず」という発想が根底にあるのだろう。しかし、夫婦同士でさえも理解し合えずに離婚するケースが後を絶たないのに、文化も歴史的背景も異なる外国に日本的な話し合い精神が通じると期待するほうがおかしい。

要するに、「毅然たる対応」論には、「毅然」という響きの良い言葉以外に何もないということだ。こうした底の浅い言説に振り回される国民の側にも問題がある。

故山本七平《やまもとしちへい》氏が看破《かんぱ》したことだが、日本人は「片付かない状態」に著しくフラストレーションを感じる傾向がある。尖閣問題にせよ竹島《たけしま》問題にせよ、「片付かない状態」がいつまでも続くことにいら立つあまり、「毅然たる対応」という安直な議論に飛びついてしまうのだろう。

しかし、そもそも領土問題に関して、快刀乱麻《かいとうらんま》の解決策などあるわけがない。陸続きの国々では、それこそ国家が成立して以来、延々と国境紛争が続いているケースがざらにある。つまり、隣国との間に領土問題が存在するのは「普通の状態」と割り切るべきなのだ。

中国の戦略的な外交姿勢に学べ

こうした論者の底の浅さを露呈《ろてい》するように、中国での反日運動が激化して、暴徒に日系企業が襲撃される事態になると、途端に「毅然たる対応」を唱《とな》える論調が消えてしまった。「毅然」という言葉に酔うだけの感情論は、現実の鉄槌《てっつい》の前ではひとたまりもなかったのである。

多少なりとも中国問題を勉強した者の目からすれば、日本側が「毅然たる対応」を取れば、こうした事態に発展するおそれがあることは想定内であった。さらに言えば、そもそも領土問題は、国家の面子《めんつ》にも係わることだけに、チキン・レースへとエスカレートする危険性を常に孕《はら》んでいる。そうした覚悟もないのに、これまで「毅然たる対応」を主張していたとすれば無責任極まりない。

あれほどの騒ぎとなった反日デモが当局の指示によりぴしりと沈静化した一件を見れば、中国側が反日運動を外交上の武器として用いる姿勢を明確にしたと考えるべきだろう。尖閣問題に関しては、国際法からすれば理は明らかに日本側にある。しかし中国政府としては、海底資源という利害だけでなく、国民感情の面からも決して引き下がれない以上、「場外乱闘」に打って出たのである。

まともな法治国家ではとても考えられないことだが、共産党独裁という統治形態ではそれこそ何でもありだ。日系企業はまさに絶好の「人質」である。おそらく今後は、事あるごとに反日運動カードが切られることになるだろう。

それでも筆者としては、日本国として「毅然たる対応」を取るという選択肢を決して否定するものではない。しかし、それによって生起《せいき》する事態がどれほどのダメージを伴うか覚悟を固めることが大前提であり、そうした事態に対処するための準備も必要なはずだ。そうした覚悟や準備もないのに、「毅然たる対応」というリスクを冒すのは暴虎《ぼうこ》馮《ひょう》河《が》以外の何物でもない。

結局のところ、毅然であるかどうかにかかわらず、個々の事案への対応は戦術的なものであって、その背後には国家戦略が存在しなければならない。言い換えれば、冷めた覚悟のもとに国家戦略を構築し、そのための諸準備を抜かりなく整えた上で、戦術としての対応を検討するという構図が本来の在るべき姿である。

そうした国家戦略に関する議論を抜きに、いきなり「毅然」という曖昧模糊《あいまいもこ》とした話が声高に語られること自体が、日本における戦略的思考の欠落を如実に示している。

相手方の中国は、日本の支援なしには経済発展が覚束《おぼつか》なく、また、海軍力の面でも海上自衛隊に遠く及ばなかった時代には、ひたすら領土問題の先送りに徹した。そして、国力の充実に連れて次第に態度を硬化させていったのである。毛沢東《もうたくとう》の戦略として有名な「持久戦論」(注)の応用であることは言うまでもない。中国のこうした戦略的な外交姿勢を日本も大いに見習うべきである。

ちなみに、中国側は持久戦論における第二段階(反攻準備)をすでに終え、第三段階(戦略的反攻)のタイミングを見計らっている。第三段階発動のポイントとなるのが、日米同盟の離間であることは間違いない。このような重大な時期に、普天間《ふてんま》問題やオスプレイ問題で日米関係の混迷を深めているのは、何とも嘆かわしい限りである(筆者注:執筆当時は民主党政権末期)。

(注)

持久戦論とは、日中戦争の第一段階を日本側の戦略的侵攻―中国側の戦略的防禦、第二段階を日本側の戦略的守勢―中国側の反攻準備、第三段階を中国側の戦略的反攻―日本側の戦略的退却として、戦争経過とその基本方針を論じたものである。

第４講　海外テロの情報収集には限界がある

～ないものねだりの日本人～

ランク分けされる情報提供

２０１３年1月にアルジェリア人質事件が発生して以来、日本では、海外で活動する日系企業や邦人をテロから守るため、政府に情報収集の強化を求める声が高まっている。

確かに民間レベルで行なえるテロ対策には限度があり、政府がより一層の努力をするのは当然だろう。その一方で、政府がどんなに頑張っても、海外テロに関する情報収集には限界があるという現実も直視すべきである。

マスコミに登場する識者の中には、「すべての日本大使館にテロ情報を収集する体制を整備すべき」と威勢よく論じる方が少なくない。しかし、彼らの話はそこで終わってしまって、具体的にどうすればよいかを提示していない。そこで、テロ情報を入手する情報源の面から検証してみよう。

最初に思いつくのは、当該国の軍隊や治安部門などの情報機関である。しかし、「情報をください」「はいどうぞ」というわけにはいかない。重要な情報であればあるほど、そう簡単には教えてくれないものだ。

大抵の情報機関では、相手国を重要度や信頼性の観点から何段階かにランク分けして、提供する情報に差をつけている。欧米諸国と違って、テロリスト掃討《そうとう》のための軍事作戦に協力することができない日本は、重要度の面でランクがどうしても低くなることは避けられない。

次に信頼性の面では、日本大使館の担当者が誰かという点が大きく影響する。どこの国でも軍人や警察官は閉鎖的であるが、「仲間」である制服組には概して親近感を抱いている。したがって、日本大使館に防衛省からの駐在武官や警察からの警備官を配属していれば、それだけ情報を入手しやすくなる。

ただし、アルジェリア人質事件に関して、「自衛隊の駐在武官が現地の大使館に配置されていれば、襲撃に関する情報を事前に入手できたかもしれない」とする一部論者の主張には首をかしげざるを得ない。そもそもアルジェリア側がテロ組織の襲撃計画を摑《つか》んでいれば、今回のような事態が起きるはずがないからだ。待ち伏せや先制攻撃によって、テロ組織を逆に殲滅《せんめつ》していただろう。

情報ネットワークの鍵となる専門職

第二の情報源としては、当該国の政治家、実業家、宗教家、部族の長老などの有力者が挙げられる。こうした情報源を作り上げるには、担当者の超人的な努力と長い年月が必要となる。日本外務省の場合は、いわゆるキャリア組ではなく、同じ国（あるいは地域）の大使館で長期間働き続けている専門職の中に、驚くほどの情報ネットワークを構築している方がいる。

その一方で、大使館によっては、自前で十分なネットワークを持たず、今回の事件で標的とされた日揮や商社などの日系企業に情報を依存しているケースも珍しくない。この点に関しては、外務省のこれまでの組織管理に問題があると認めざるを得ず、専門職を軽視する人事方針の改善を進めていくべきだろう。

ただし、こうした情報ネットワークは、大局的な情勢分析には非常に役立つが、テロ計画の事前情報のような個別具体的な話についてはそれほど期待できない。そもそも彼らはテロ組織と直に接点を持つような人たちではないからだ。

また、情報ネットワークの基盤となるのは個人的な人間関係であり、特に学生時代の友人知己のつながりが非常に重要とされる。その点で、アフリカ諸国における情報収集については、かつての宗主国である西欧諸国と比べ、日本が大きなハンデを背負っていることも忘れてはならない。

テロ組織の内部情報を入手するのは至難の業《わざ》

第三の情報源は、テロ組織の周辺者である。内部情報に通じている点で非常に有用な情報源であるが、そもそも大使館職員がそうした人物と接点を持つこと自体が至難の業である。当該国の情報機関が総力を挙げても、なかなかそうした情報源を獲得することはできないのに、日本大使館にそこまで期待するのは無理というものだ。

しかも、この種の活動をするには、膨大な人員の体制が必要となる。例えば、相手の素性を見極めようと動静を監視するだけでも、10人以上の訓練されたチームで1年以上の期間を要するだろう。もちろん、そうした任務に従事する職員が高度の危険にさらされることも覚悟する必要がある。要するに、生半可な覚悟でやれるような話ではない。

そもそもテロ組織が存続していられるのは、彼らの情報統制が極めてシビアであるからだ。2001年の9・11同時多発テロ事件以来、米国があれだけの予算と人員を注ぎ込み、偵察衛星と全世界に張り巡らした通信傍受システムを活用しても、ビン・ラーディンの所在をつきとめるのに10年もかかったことを思い出していただきたい。

外交とはギブアンドテイク

第四の、そして最も一般的な情報源は、西側諸国など他国の大使館との情報交換である。例えば、アルジェリアの場合であれば、旧宗主国である上に地理的にも近いフランスの大使館が良質の情報を有していると考えられる。

米国のような超大国であればともかく、世界のあらゆる場所で日本独自の情報源を開拓することは現実的に不可能であるため、こうした情報交換の比重が高くなるのは当然である。ただし、こうしたルートに頼り切りになり、独自の情報収集努力を怠る日本大使館が少なくないのは困りものだ。

外交とは基本的にギブアンドテイクの関係であって、こちらから「ギブ」する情報がなければ、相手から「テイク」する情報もそれだけレベルが落ちる。したがって、外国大使館が欲しがるような情報を日本側が持っていることが必要となる。

ただし、テロ関係の情報をある国から「テイク」する際に、こちらもテロ関係の情報を「ギブ」しないといけないわけではない。例えば、経済関係の情報と交換してもよい。外交とは国家レベルの交渉事なので、個々の大使館ごとに「ギブ」と「テイク」の帳尻《ちょうじり》を合わせる必要もない。例えば、日本がアジア方面で「ギブ」超過になっていれば、アフリカ方面で「テイク」超過になってもかまわない。

その意味では、回り道のように見えても、外交全体の底上げを図るとともに、アジアにおける日本のプレゼンスをさらに強化することが、長期的にはテロ情報の収集に役立つだろう。ただし、最初に述べたように、核心に触れるような情報は、テロリスト掃討作戦に関与できない日本には、なかなか提供されないと考えたほうがよい。

Crying Babyの日本人

マスコミ報道は「政府の情報収集が足りない」と連呼する。確かに、これまで色々と不十分な点があったことは否めないが、だからといって、政府は何もしてこなかったわけではない。近年、テロ情報の窓口となる警備官を配置している大使館の数は相当に増え、外務省内でもテロ対策の重要性は浸透している。それでもこの程度しかできていないということだ。

今後、外国の情報機関や大使館との情報交換をさらに進めていくにせよ、情報力の改善はそれほど期待できないだろう。そもそもの話として、海外のテロ組織に関する情報が不足しているのは、日本に限ったことではない。

アルジェリア人質事件でテロリストの標的とされたのは、イギリスのＢＰとノルウェーのスタトイル（いずれも石油・ガス関係の巨大企業）がアルジェリア側と一緒に立ち上げた合弁企業である。人質の中には米国人やフランス人も含まれていた。要するに、今回の襲撃に関しては、英・米・仏のいずれも事前情報を取れなかったのである。

情報機関や外交機関は、秘密のベールに包まれているので、何かとてつもない活動をしているのではないかと思われがちである。しかし、９・11以降の新聞の国際記事を眺めれば、テロとの戦いが遅々として進まず、その原因が情報不足にあることは自明であろう。

多数の邦人が殺害されたことに衝撃を受け、そのフラストレーションをどこかにぶつけたい気持ちは理解できる。しかし、Ｃｒｙｉｎｇ Ｂａｂｙのように、喚きたてれば政府が何とかしてくれると期待するのは、大人の態度ではない。

海外テロに関する情報収集は非常に難しく、いかに政府が努力しても、将来的に状況が大きく改善することは見込めない。そうしたリアルな現実を直視することが、今後の危機管理の第一歩となるだろう。

第5講　安全は多数決では決まらない
～オスプレイ報道の虚構～

ミスリーディングなマスコミ報道

２０１２年7月23日、沖縄県の普天間米軍基地に配備予定のV－22オスプレイ輸送機が岩《いわ》国《くに》基地に陸揚げされた。これに対して沖縄県側は、同機の安全性に疑問があるとして、配備への反対を表明した。

筆者としては、政治的な問題に口を挟《はさ》むつもりは毛頭《もうとう》ない。しかし、このオスプレイ問題に関しては、公平な情報提供がなされていないと危惧《きぐ》している。

テレビ報道では、離陸時にオスプレイの姿勢が不安定となり、最後は横転して大破する映像が繰り返し放映された。しかし、筆者が調べたところ、この報道は極めてミスリーディングである。

問題の映像は、１９９１年6月に発生した試作5号機の事故であるが、原因は飛行制御システムの配線を逆に接続したことだった。つまり、整備ミスによるものであり、機体それ自体の安全性とはまったく関係がない。

番組を制作した関係者も、そのことを承知していたのだろう。映像を流す際のナレーションを聞いたかぎりでは、「この事故は機体の欠陥が原因です」と説明したわけではなく、厳密に言えば誤報ではない。しかし、「オスプレイの安全性が疑問視されています」との説明と一緒に、この映像が画面に流されれば、機体の欠陥に伴う事故と視聴者が誤解するのは当然である。それどころか、番組の司会者やコメンテーターまでもが、そのように勘違いしている有様だ。

また、「オスプレイは事故が多いため、米国では『未亡人製造機』と呼ばれている」という報道も、やはりミスリーディングである。

同機のテスト飛行時に死亡事故が続発し、この芳《かんば》しくない渾名《あだな》が付けられたことは事実である。しかし、航空機の開発段階で様々なトラブルが発生するのは当たり前のことだ。過去にもテスト飛行時に重大事故を起こしながら、その後に「名機」へと成長した機種は少なくない。問題は、初期段階の事故を踏まえて、オスプレイの安全性が改善されたかどうかである。

ちなみに、10万飛行時間当たりの重大事故の発生件数である「事故率」で比較すると、現時点のオスプレイは１・93であり、海兵隊全体の２・45よりも低い数値になっている。オバマ大統領（当時は上院議員）が２００８年の大統領選でイラクを訪問した時に同機を使用したことを考慮しても、少なくとも現在では、米国側は「未亡人製造機」と思っていない。

議論は事実関係をきちんと確認してから

筆者は航空機の設計に関しては素人なので、オスプレイが安全だと申し上げるつもりはない。また、２０１２年4月と6月にオスプレイの墜落事故が連続して発生したことで、地元沖縄の皆さんが懸念するのはもっともである。

筆者が危惧しているのは、以上のようなマスコミ報道のミスリーディングにより、「オスプレイは欠陥機だ」という先入観が人々の脳裏《のうり》に刷りこまれることだ。せっかく日本政府が同機の安全性の検証を進めているにもかかわらず、その検証結果が発表される以前に、危険と決めつけるのはよろしくない。

そもそも建設的な議論を行なうためには、議題の基礎的な事実関係について、共通の認識が形成されていることが必要である。例えば、消費税を巡って論戦する際に、わが国の財政状況や景気の動向に関するデータを用いず、各自が個人的に抱いているイメージだけで議論をすれば、話がかみあわずに収拾がつかなくなるだろう。
オスプレイ問題に関しては、機体の安全性に関する情報が議論の基礎となる。言い換えれば、いかなる議論を展開しようとも、マスコミ報道による不確かなイメージに基づいているようでは話にならない。まずは専門家に事実関係を検証させ、それを踏まえた形で議論に入るべきだ。

不安全神話に踊らされるな

こうした筆者の所論に対し、以下のような反論が予想されるので、あらかじめ回答を提示しておこう。

反論1 「生命の安全に関することを専門家任せにしてよいのか」

最近、「安全・安心」と一括りにされることが多いが、「安全」と「安心」はイコールではない。「安全」とは客観的・科学的な評価であるが、もう一方の「安心」は主観的・感情的なイメージである。オスプレイの安全性は、高度な航空技術の問題であるため、専門家に客観的・科学的に評価してもらう必要がある。わかりやすく言えば、安全とは素人が多数決で決めるものではないのだ。

反論2 「オスプレイの配備を進めたい政府側の調査があてになるのか」

政府側の調査に対し、中立性の面で疑問を感じることは理解できるが、そもそも航空技術の問題について素人が検証できるわけがない。政府の調査結果を第三者の専門家に検証させるか、あるいは第三者の専門家により構成される検証チームを別に立ち上げるかして対応すべきである。

ちなみに、この場合の「専門家」とは、「その分野について深い専門知識を有する者」を意味する。オスプレイ問題に関しては、様々な学識経験者や文化人がコメントを乱発しているが、その多くは「専門家」とは言い難い。博士や教授といった肩書が付いていても、専門分野以外では素人同然であることは、何より筆者自身がよく承知している。

反論3 「専門家の検証結果が出た後で、一般民衆が議論する必要があるのか」

例えば、「他の機種と比較して、オスプレイの危険性が特に高いわけではない」という専門家の評価が下されたとしよう。それでも、同機が事故を起こす危険性がゼロではない以上、受け入れに反対して論陣を張ることには何の問題もない。反対する論拠が弱くなるというだけである。

反論4 「われわれ素人は、専門家が検証を終えるまで指をくわえて見ているだけなのか」

専門家の説明内容をきちんと理解するために、事前勉強をしておくことは非常に有益である。まずは、受動的に与えられる情報に満足せず、自分で情報を探す努力を始めるべきだ。ありがたいことに、インターネットのおかげで、今では情報の探索が極めて容易になった。例えば、前述したオスプレイ試作機の事故原因も、ウィキペディアにちゃんと掲載されている。

世間に流布する情報は玉石混交であり、中には特定の方向にあなたを誘導しようと狙っているケースもある。そうした情報のジャングルの中で、自ら情報を探索する努力を怠《おこた》り、他者から与えられた情報に寄りかかろうとする姿勢が「神話」を生み出すのである。「もう『安全神話』には騙《だま》されないぞ」とりきむかたわらで、いつの間にか「不安全神話」に踊らされてはいないか、あらためて自戒《じかい》してみることが必要だろう。

第4章

なぜ失敗の教訓を活かせないのか

第1講　ガラパゴス化に陥らないために
～世界で一番ポピュラーな工業製品・ＡＫ４７～

あらゆる地域・階層に普及

かつて日本の電機産業は世界市場を席巻《せっけん》した。しかし今日では、韓国や台湾のメーカーの後塵《こうじん》を拝し、弱電部門の比重が大きいソニーやパナソニック、シャープなどは、かなり危機的な状態に陥っている。特に深刻なのは、成長率が高く有望な新興国市場で、存在感を失いつつあることだ。

その原因の一つとして、日本の消費者向けに家電製品の高機能化を追求した結果、世界市場では通用しなくなる「ガラパゴス化」が問題とされている。そこで今回は、ガラパゴス化から脱却するための参考として、「世界で一番ポピュラーな工業製品」を取り上げることとしよう。

その工業製品とは、旧ソ連のミハイル・カラシニコフ技師が開発した軍用小銃ＡＫ４７（その派生型を含む）である。軍事関係に疎い読者でも、「バナナ型の弾倉が付いた銃」と言えば、テレビのニュース画面などで幾度も眼にしているはずだ。

ＡＫ４７は世界に１億丁も出回っていると推計され、白銀のロシアから熱暑の中東まで、そして精鋭部隊から一介の農夫に至るまで、あらゆる地域・階層の人々によって使用されている。ソニーのウォークマンを見たことがないような僻地でさえも、ＡＫ４７はちゃんと行き渡っているのだ。

１９４９年に旧ソ連が採用してから60年以上が経過したが、依然としてＡＫ４７に代わる存在はない。今後も長い将来にわたって、「世界で一番ポピュラーな工業製品」の座にとどまり続けることだろう。

誰でも扱える信頼性の高さ

旧帝国陸軍の38式歩兵銃のようなボルト・アクション型小銃では、一発撃つごとに槓桿《こうかん》を操作して、次の弾丸を装塡しなければいけない。ところが、第二次世界大戦時にドイツが開発したＳｔＧ４４突撃銃は、引き金を引くだけで次々と射撃できるセミオート機能や、機関銃のように連射できるフルオート機能を有し、歩兵の火力を一気に増大させた。

ただし、軽量の小銃でフルオート射撃をすれば、その凄まじい反動で命中率が著しく低下してしまう。そのためＳｔＧ４４では、従来の長弾薬（薬莢が長い＝火薬量が多いので射程が長いが、それだけ反動も大きい）よりも短いが、拳銃用の短弾薬より長いという新型の中弾薬を採用した。もちろん長弾薬と比べて射程は短くなるが、実戦で撃ち合いが行なわれることが多い３００ｍ以内の射距離であれば、十分な威力を有していた。

ＡＫ４７を含め、今日の軍用小銃のほとんどは、このＳｔＧ４４の設計思想を受け継ぐ「兄弟たち」である。それなのに、ＡＫ４７だけが広範に普及したのはどうしてだろうか。

読者の皆さんは、「ＡＫ４７は何か先進的な機構を内蔵していたのではないか」と想像したかもしれない。しかしＡＫ４７の設計は、１９４０年代の旧型軍用銃のいいとこ取りであり、既存技術の寄せ集めにすぎない。例えば、当時は対立関係にあった米軍からも、Ｍ１ガーランド小銃の作動機構のデザインをパクっている。

実は、このように先進的でないところが、「世界で一番ポピュラーな工業製品」の所以《ゆえん》である。様々な実用経験を通じて熟成された技術を活用すれば、故障の発生が少なくなるし、日常の整備も簡単で済むからだ。

この点に関しては、旧ソ連の地理的状況が大きく影響している。とにかく国土が広く、北極海沿岸から中央アジアまで様々な気候に備えなければいけない上に、年間を通じても、春と秋のぬかるみ、夏の熱暑と土ぼこり、冬の厳寒というように、機械製品にとっての悪条件が揃っている。こうした過酷な使用環境では、信頼性が低いデリケートな機械だと故障が頻発して使い物にならない。

また、陸軍大国のソ連は、津々浦々《つつうらうら》から膨大な人数を徴兵していたが、その多くは教育レベルが低く、さらに多民族国家ゆえの言葉の障害も存在した。そうした兵士たちに複雑な整備要領を教え込むのは難しいため、誰でも簡単に整備できるようにする必要があった。

要するに、ソ連は世界最大の面積を持つ多民族国家であったために、AK47の設計も、否応なくユニバーサル・デザインとならざるを得なかったということだ。その点で、国土が狭く単一民族国家の日本とは大きく異なっている。

決め手は「精密でない設計」

以上のとおりAK47は信頼性の高い技術を採用しているが、ミハイル・カラシニコフ技師は、ある工夫によって、その信頼性をさらに高めることに成功した。可動部品の間隙を広く取ること、わかりやすく言えば、銃の内部をスカスカにしたのである。

読者の皆さんは、「それのどこが工夫になるのか。いかにもロシア人らしく、アバウトなだけだろう」と感じたかもしれない。その背景にあるのは、「機械製品は精密であるほど良い」という思い込みである。しかし、自動車のハンドルに遊びがないと運転者が疲労してしまうように、一般人が扱う実用品には適度な緩みが欠かせない。

このスカスカの構造のおかげで、銃の内部に泥や砂が入っても、作動する際に隙間に押し込まれてしまうので、故障が生じにくいのだ。驚くべきことだが、泥水に浸かったＡＫ４７でも、そのまま射撃できるという。

これが西側諸国の小銃だとそうはいかない。部品同士がぴったり接合するよう精密に設計されているので、砂粒一つはまり込んだだけでも故障してしまう。もちろん泥水に浸かったりしたら、時間をかけて分解掃除しなければいけない。つまり、精度が高すぎるゆえに繊弱というわけだ。

第二次世界大戦後にアジア・中東・アフリカで多くの国々が独立したが、こうした開発途上国では、兵士の教育レベルが非常に低い上に、砂漠やジャングルなど使用環境もよくない。そこで、故障が少なくて整備の手間もかからず、どんな悪条件でも確実に射撃ができるＡＫ４７が重宝されたというわけだ。

ライバルたちの蹉跌《さてつ》

それにしても、軍用小銃という汎用品の世界で、既存技術の寄せ集めにすぎないＡＫ４７の独走を許すとは、西側諸国のライバルたちは何をやっていたのだろうか。

米国では、第二次大戦時における主力小銃で、高い実績を誇るＭ１ガーランド小銃への強いこだわりが、新しい銃器の開発を阻害した。ＡＫ４７に８年も遅れてようやくＭ１４小銃を導入したが、構造的に見ると、Ｍ１に20発入り箱型弾倉を取り付け、フルオート機能を付加したにすぎない。

その最大の欠点は、Ｍ１と同様の長弾薬を使用したことだ。そのために反動が非常に大きくなり、フルオート射撃だと弾丸がどこに飛んでいくかわからなかった。かくして様々な問題点が続出したＭ１４は、わずか10年余りで配備が中止されたのである。

ヨーロッパでは、ベルギーのＦＮ社が開発したＦＡＬ小銃を共通装備とすることを計画した。ところが、西側諸国の親分である米国が、Ｍ１４と同じ長弾薬を使用するようにごり押ししたことで、やはりフルオート機能が台無しとなった。それでもＦＡＬは多くの西側諸国で採用されたが、その設計の精度が高すぎ、砂塵などによる故障が多発したために、ＡＫ４７ほど普及することはなかった。

その後、米国では、M14の更新用にM16小銃を導入した。このM16は非常に優秀な銃で今日でも米軍の主力装備となっているが、採用国は意外に少ない。命中精度にこだわって特殊な作動機構を採用したせいで、銃の内部が火薬ガスで汚れやすく、分解掃除に手間がかかるという欠点があるからだ。米軍のように兵士の教育レベルが高い（あくまで比較の話だが）のであればともかく、開発途上国の兵士には整備の負担が重すぎるのである。

それでは最後に、AK47が「世界で一番ポピュラーな工業製品」の座を獲得した理由と、それから浮かび上がってくる製品開発上の教訓を整理してみよう。

1．従来の長弾薬ではなく、新しいタイプの中弾薬を採用したこと（既存の規格にこだわらずに、将来性のある新規格にいち早く乗り換えること）

2．既存技術の寄せ集めであったこと（先進性や独創性にこだわらずに、信頼性の高い「枯れた技術」を用いること）

3．可動部品の間隙を広く取ったこと（薄さや軽さにこだわらずに、使い勝手の良さを最優先にすること）

もともと「こだわり」という言葉は否定的な意味で使われていたが、80年代のグルメブームの際に「こだわりの料理人」がもて囃《はや》されたことで、いつの間にか肯定的に用いられるようになった。しかし、「こだわりの料理人」がその値段に見合う料理を食べさせてくれるとは限らないように、しょせん「こだわり」は「独りよがり」にすぎない場合が多い。

ＡＫ４７の教訓を学んで、使う者の視線に立った製品開発を進めることが、日本の電機産業が復活するためのカギとなるだろう。

第2講　判断ミスを誘発するプレッシャー

～トムラウシ山ツアー遭難事故～

事故の概要

アミューズトラベル株式会社（以下、「アミューズ社」）は、東京に本社を置く旅行会社であり、１９９１年に設立されて以来、登山ツアーなどの企画旅行を手掛けて成長した。２００９年７月16日、アミューズ社が運営する登山ツアーが大雪山《たいせつざん》を縦走《じゅうそう》中に遭難し、ツアー客７人とガイド１人が死亡した。

遭難事故が発生したツアーは、７月13日（月）から17日（金）までの４泊５日（ツアー料金15万２０００円）で、具体的な旅程は以下のとおりであった。

・13日　空港着。バスで移動して旭岳《あさひだけ》温泉泊。
・14日　旭岳・間宮《まみや》岳・白雲《はくうん》岳を経由して白雲岳避難小屋泊（12・５㎞、８時間）。
・15日　平ヶ岳《ひらがたけ》・忠別《ちゅうべつ》岳・五色《ごしき》岳を経由してヒサゴ沼避難小屋泊（16・５㎞、10時間）。
・16日　トムラウシ山を経由してトムラウシ温泉泊（12・５㎞、10時間30分）。

ツアー参加者の状況

		性別	年齢	参加地区	登山歴	生死の状況	最終位置
ガイド	甲	男	61	広島		死亡	北沼徒渉点
	乙	男	32	北海道		生存	北沼分岐
	丙	男	38	中部		生存（一時意識不明）	前トム平
ツアー客	①	男	64	広島	6年以上	生存	自力下山
	②	男	61	広島	12年	生存	自力下山
	③	男	65	中部	33年	生存	自力下山
	④	男	69	中部	53年	生存	北沼分岐
	⑤	男	66	中部	6年	死亡	南沼
	⑥	女	64	広島	16年	生存	自力下山
	⑦	女	68	仙台	13.5年	生存	自力下山
	⑧	女	61	広島	15.5年	生存（一時意識不明）	北沼分岐
	⑨	女	55	中部	6.5年	生存	前トム平
	⑩	女	68	中部	十数年	死亡	北沼徒渉点
	⑪	女	59	中部	6年以上	死亡	北沼分岐
	⑫	女	62	広島	不明	死亡	北沼分岐
	⑬	女	64	広島	10年	死亡	トムラウシ公園
	⑭	女	62	中部	十数年	死亡	トムラウシ公園
	⑮	女	69	中部	10年	死亡	トムラウシ公園

・17日　バスで移動して空港へ。

事故が発生した16日の行程は、ヒサゴ沼避難小屋→ヒサゴ沼分岐→日本庭園→ロックガーデン→北沼→北沼分岐→トムラウシ山→南沼キャンプ場分岐→トムラウシ公園→前トム平→トムラウシ温泉という経路であった。問題のパーティ（以下、「アミューズ・パーティ」）は、ガイド3人（甲・乙・丙）、ツアー客15人の計18人から構成されていた（表参照）。

3人のガイドの役職は、甲（61歳）がリーダー兼旅程管理者、乙（32歳）がメインガイド、丙（38歳）がサブガイドであった。このうち乙は、北海道在住で旭岳〜トムラウシ山のルートを過去に5回経験していたが、甲は中国地方在住、丙は中部地方在住であり、ともに本ルートの経験がなかった。15人のツアー客は、客①〜⑤が男性、残りの10人が女性である。最年少者が55歳、最高齢者が69歳で、平均年齢は63・8歳であった。

山行最終日となる16日、ヒサゴ沼避難小屋からトムラウシ温泉に向かう途中で、アミューズ・パーティは悪天候のために遭難し、ツアー客7人（客⑤、⑩〜⑮）及びリーダー甲の計8人が死亡した。死亡原因はいずれも低体温症であった。

最悪の気象条件

事故前日の15日、アミューズ・パーティは、終日雨が降り続く中で15時にヒサゴ沼避難小屋に到着した。ツアー客は、水はけの悪い登山道を長時間歩いたことで疲労していた。ヒサゴ沼避難小屋では、1人当たりのスペースが狭かった上に屋内が濡れていたので、十分な休息を取れず、濡れた雨具や靴をしっかり乾かすこともできなかった。

16日の気象状況は、シベリアからの低気圧が北海道上空を通過した後に寒気が流入して強風が吹いた。早朝の気温は7度であったが、14時頃に6度、17時30分には同日の最低気温3・8度を記録した。また、14時頃まで風速15〜20m／sの強い西風が吹き、稜線《りょうせん》部の最大瞬間風速は30〜40m／sと台風並みであった。降水量は6時の毎時8ミリをピークに減少したが、その後も夕方まで霧雨《きりさめ》が続いた。

ただし、大雪山ではこうした気象が例年発生しており、決して特異なものではない。2000m級の大雪山の稜線付近の気象状況は、3000m級の北アルプスに匹敵するとされる。

アミューズ・パーティは、朝5時30分にヒサゴ沼避難小屋を出発した。ヒサゴ沼分岐で稜線に出ると、西風が激しくて立っていられないほどの風の強さとなった。日本庭園を越えた辺りで、客⑩が低体温症により歩行困難となって遅れ始めたので、ガイド丙が肩を貸しながら進んだ。さらに、ロックガーデンの通行中に客⑤も足がふらつき始めた。

アミューズ・パーティが北沼に到着したのは10時頃であった。降雨により北沼は増水し、溢《あふ》れた水流（幅2m・水深は膝下くらい）が登山路を横切っていた。ガイドが水流の中に立ってツアー客を支え、1人ずつ徒渉《としょう》させるのに相当な時間を要した。

アミューズ・パーティの崩壊

徒渉の直後、客⑩の体調が急変したため、身体をさすったり、温かいお茶を飲ませたりするなど、3人のガイドはかかりきりとなった。その間、渉り終えたツアー客は約1時間もその場で待機したが、吹きさらしの場所であったために低体温症が進行した。

客⑦は意識が朦朧《もうろう》となり、客⑭は意味不明の奇声を発する（低体温による言語中枢の障害）ようになった。そこで客③が、「これは遭難《そうなん》だから、早く救助要請をすべきだ。じっと待っていたらみんな死んでしまう。方針を決めて指示を出してくれ」（羽根田他〔2010〕、57頁）と発言し、他の客も同調した。

その結果、客⑩にはリーダー甲が付き添ってビバーク（野営）し、他のツアー客は出発することとなった。ちなみに、この時点でリーダー甲も足がふらついており、すでに低体温症に陥っていたと推察される。

出発後すぐに北沼分岐のあたりで客⑧・客⑪・客⑫が行動不能となり、ガイド乙と客④が3人に付き添ってビバークし、残りの10人をガイド丙が引率することとなった。まもなく丙も低体温症によって思考能力が低下し、目配りができなくなったため、しだいにアミューズ・パーティは統制が取れなくなった。南沼キャンプ場分岐の手前で客⑤、トムラウシ公園の手前で客⑭と客⑮が行動不能に陥った。さらにトムラウシ公園内で客⑬が行動不能となり、客⑨がそれに付き添う形でビバークした。

前トム平に達した段階で客⑥の携帯電話が鳴り、通話可能なことに気が付いたガイド丙が

15時55分に救助要請を行なった。この時点でガイド丙は意識朦朧となっていて、やがて行動不能に陥った。そのまま下山を続けた客①と客⑥は、23時55分にトムラウシ温泉に到着し、その後に客②・客③・客⑦も下山した。

残留者の状況は以下のとおりである。ガイド甲と客⑩は北沼徒渉点で死亡していた。北沼分岐でビバークしたガイド乙は、行動不能となった３人の手当てをしたが、客⑪と客⑫は死亡した。客⑧も意識不明となったが、乙や客④とともに翌日救助された。下山途中で取り残された客⑤、客⑭、客⑮、客⑬は死亡したが、客⑨は救助された。ガイド丙は、意識不明で倒れているところを発見され、体温が34・７度まで低下していたが蘇生した。

低体温症とカロリー不足

山岳遭難では、疲労と寒さによる低体温症が死亡原因となるケースが多い。低体温症になると、以下のような症状が発現する。

(体温35～34度)　歩行が遅く、よろめくようになる。震えが激しくなる。口ごもるような会話になる。

(体温34～32度)　まっすぐ歩けず、転倒するようになる。会話がしどろもどろになる。

意識が薄れる。
（体温32度以下）　起立不能になる。錯乱《さくらん》状態になる。意識を失う（28度以下になると心停止により死亡）。

アミューズ・パーティは、強風の中で縦走を続けて消耗した後に、北沼徒渉点で約1時間も待機した。運動停止により発熱量が減少する一方で、待機場所が吹きさらしで体熱が奪われたことで、低体温症が急速に進んだと考えられる。

低体温症の対策としては、重ね着をして熱の喪失《そうしつ》を抑えるとともに、エネルギー源となる行動食（歩行しながら食べる食糧）や温かい飲み物を摂取《せっしゅ》することが有効である。しかしアミューズ・パーティでは、ガイドもツアー客も低体温症に関する知識が不足していた上に、低体温症により思考能力が低下したために適切な対応が取れなかった。

また、アミューズ・パーティの1日分のエネルギー摂取量は1０００kcal台後半であり、好天時のエネルギー消費量（女性で2０００〜23００kcal）さえも満たしていなかった。事故調査特別委員会では、「ツアー参加者のエネルギー摂取量は、気象条件などのコンディションが良いという条件の下で、しかも身体に備蓄した体脂肪をできるだけ活用した状態で、疲労せずに歩ける最低ラインに近い」（事故調査特別委員会〔2０1０〕、73頁）と分析している。好天時よりもずっと多くのエネルギーを消耗する悪天候時には、明らかにカロリー不足であった。

ガイドの判断ミス

本事故の原因としては、ガイドが出発時・稜線に上がった時点・北沼徒渉後の３段階で判断ミスを犯したことが挙げられる。

第1は出発時の判断ミスである。16日朝、リーダー甲は、トムラウシ山頂には登らずに迂《う》回《かい》コースを取ることをツアー客に伝えた上で、「僕たちの今日の仕事は山に登ることじゃなくて、皆さんを無事山から下ろすことです」（事故調査特別委員会〔２０１０〕、９頁）と述べていた。甲が悪天候下での縦走に危惧を抱いていたことは疑いない。

それでも出発を決断した事情について、事故調査特別委員会は、「予備日がないので停滞できない（1日延びれば追加料金が発生する）、続けて沼ノ原から同社の別パーティが入ってくるので、小屋を空けなければならない、などという考えが、甲の脳裏に浮かんだとしても不思議はない」（事故調査特別委員会〔２０１０〕、41頁）と分析している。ツアーのスケジュールに余裕がなく、計画どおり縦走を実施しなければならないとプレッシャーを感じていたのである。

アミューズ・パーティが稜線に出てからは強風が続き、台風を連想させるほどの激しさであった。この悪天候とツアー客の体力を勘案《かんあん》すれば、ヒサゴ沼避難小屋へ撤退すべき局面であったが、そのまま縦走を続けたことが第2の判断ミスである。

その背景として、ガイド乙は、「前日に低気圧が通過して、この日は離れていくだろうという予報だった。それが、逆にあそこまで風が強くなってしまうというのは、全く予想外、想定外だった」（事故調査特別委員会〔2010〕、10頁）と証言している。しかし、天候の回復が予報より遅れる場合があるのは当然であり、希望的観測に陥っていたと言わざるを得ない。

第3の判断ミスとして、北沼徒渉後にガイドたちは客⑩にかかりきりとなり、他のツアー客を約1時間も吹きさらしの場所で待機させたため、前述のように低体温症を続出させることになった。このミスの理由としては、低体温症に関する知識の不足に加えて、非常事態の発生によってパニックに陥っていたこと、さらにリーダー甲自身も低体温症に陥り、思考能力が低下していたことが挙げられる。

立場が弱いガイド

こうした判断ミスを誘発した潜在的原因として、ガイドの立場の弱さ、ガイド間のコミュニケーション不足、低体温症に対する知識不足の3件が挙げられる。

アミューズ社によると、ツアーごとに旅行会社側と契約を結ぶ契約ガイドで、仕事の割り当ては旅行会社に完全に依存していた。「継続的に仕事をもらおうとするならば、文句を言わずに会社の言うとおりに動かなければならない」（羽根田他〔2010〕、277頁）とされ、その立場が非常に弱かったことが、前述した出発時の判断ミスにつながったのである。

次に、稜線に上がった時点でヒサゴ沼避難小屋への撤退を検討すべきであったが、ガイドたちはコミュニケーションを取らずに縦走を続けている。この点について、事故調査特別委員会は、「スタッフの一人しかこのコースの経験が無かったとしても、情報を共有しておれば、それぞれが意見を出し合い、臨機応変の対応がとれたはずである」（事故調査特別委員会〔2010〕、37頁）と批判している。

アミューズ社の方針として、ツアー客の多い支店（今回は広島と名古屋）に所属するガイド、すなわちツアー客と馴染《なじ》みの深いガイドを派遣することとしていた。その結果、3人のガイドが互いに初対面となってしまったことが、コミュニケーション不足を助長したのである。

また、悪天候下で出発を決めたにもかかわらず、ガイドたちは、重ね着などの防寒対策についてツアー客にアドバイスをしていない。縦走中に低体温症のツアー客が発生した際の対応も後手に回っている。これは、低体温症に関する知識が不足していたためである。アミューズ社が実施していたガイド向けの研修会でも、事故対策は転落・滑落《かつらく》や熱中症に集中しており、低体温症の危険に対する認識は薄かったとされる。

ただし、問題のヒサゴ沼避難小屋〜トムラウシ温泉ルートでは、2002年7月にも女性1名が死亡する事故が発生していた。死亡原因が低体温症だったこと、パーティの平均年齢が高いこと、台風時の悪天候下で強行したことなど本事故との共通点が多い。しかしガイドたちは、この2002年遭難事故を承知しておらず、貴重な教訓が活《い》かされなかった。

依存心が強すぎるツアー客

本事故では、ツアー客の側にも問題がなかったわけではない。ガイドからは低体温症に関する指示はなかったが、生存者は、雨具の下に重ね着をする、行動食や着替えを取り出しやすいところに入れておくなど独自で工夫していた。さらに、歩行中にも行動食を食べる、風が弱まった時に重ね着をするなどの対応をしている。

この点については、「些細な防御行動をすることで、それをしなかった人よりも体熱の喪失を防ぐことができ、生死を分ける大きな要因となったことは充分に考えられる」（羽根田他〔２０１０〕、２１８頁）と分析されている。ツアー客が自らの安全確保に必ずしも積極的でなかった背景として、ガイドに対する依存心が強すぎて、登山者として自立できていないことが挙げられる。

さらに、ツアー客の体力不足も見逃せない。アミューズ・パーティでは、ペースを最も体力の弱い者に合わせたことで、相対的に体力が強かった生存者が不満に感じたほどに歩行速度が遅くなっていた。また、前述したようにアミューズ・パーティのカロリー摂取量は不十分であったが、これも体力の不足が影響している。

このツアーでは、食糧や寝具を各自が携行しなければならなかった。体力的に過重とならない程度にザックの重量を抑えようとすると、２泊３日の縦走に対して十分な食糧を携行できなかったのである。

リスク情報を説明しない旅行会社

問題の旭岳〜トムラウシ山のツアーは、すぐに予約が満杯になるほどの人気商品であったが、避難小屋で2泊するなど行程が長い上に、緊急時の避難ルートが使いにくいなどリスク管理が難しかった。そのため、一部の旅行会社は撤退したり、あるいは山行を3泊4日にして予備日を設けたりするなどの対策を取っていた。

また、ツアー客を一般募集する以上、体力や技能が不十分なツアー客が参加するリスクは避けられない。この問題に対処するには、ツアーに内在するリスクや、必要とされる体力や技能のレベルについて具体的に説明する必要があった。

しかし、アミューズ社のパンフレットは、「一度は歩いてみたい、遥かなる山へ続く憧れの道　大雪山　旭岳〜トムラウシ山　北海道最高峰の旭岳から『遥かなる山』トムラウシへ続く道を、無人小屋に泊まりながら縦走します。大雪山の圧倒的なスケールとその魅力が凝縮された、誰もが憧れる大縦走。例年満席の大人気コースです。お申込みはお早めに！」と一般旅行並みの広告であり、ツアーの難易度についても星印で表示するだけであった。

ちなみに、アミューズ社のガイドたちも、本事故が発生する以前から、ツアー客の体力や技能が不足している点を問題視していたが、そのことをアミューズ社に説明していない。前述したようにガイドの立場が弱いため、アミューズ社に遠慮したものと認められる。
本事故の後、観光庁では、アミューズ社が安全確保のために必要な計画作成を怠ったことや、事故後の立入調査で旅行業法違反（旅行業務取扱管理者の未設置）が発覚したことを受けて、同社に対して２０１０年12月16日から51日間の業務停止を命令した。(注)
ただし、アミューズ社が悪質だったので本事故が発生したととらえるべきではない。むしろ同社は、ガイドの判断が慎重で信頼できる、ガイドに若い人が多くて頼りがいがある、体力の弱い人にペースを合わせてくれるなどの点で、ツアー客の間では安全性が高いと評価されていた。その意味では、「少なからぬツアー会社が大同小異だった」（羽根田他〔２０１０〕、２６９頁）と考えるべきである。
こうしたリスク管理に不備のある旅行会社が多数存続しているのは、やはりリスク管理に関して無知なツアー客が存在するからに他ならない。そして、この構図は登山ツアーにとどまらず、その他のビジネスにも当てはまるのである。

（注）
その後、アミューズ社では、２０１２年11月に同社が主催した万里の長城付近の山を巡るツアーにおい

て、日本人客3人が低体温症で死亡する事故が発生した。観光庁は同12月19日付で同社の旅行業登録を取り消す処分を下し、アミューズ社は事実上の廃業に追い込まれた。

第3講　英艦シェフィールドはなぜ沈没したのか

～続・設計における抗堪性《こうたん》の視点～

機関部にミサイルが命中

1982年、英国が実効支配するフォークランド諸島に、かねてから領有権を主張していたアルゼンチンが軍隊を上陸させたことでフォークランド紛争が勃発した。英国では、空母インヴィンシブル及びハーミーズを中核とする機動艦隊を南大西洋に派遣し、2カ月半にわたる戦闘の末に同諸島を奪還した。

このフォークランド紛争では、第二次世界大戦後はじめて大規模な海上戦闘が展開された。その中で特に注目を浴びたのは、アルゼンチン機が発射したエグゾセ対艦ミサイルにより、英国の駆逐艦シェフィールドが撃沈されたことだ。

シェフィールドの機関部は、いわゆるパラレル式を採用していた。船体中央から後部にかけて順番に、2基の発電機（艦内に電気を供給するディーゼル発電機）を持つ前部発電機室、2基の高速用大型主機（スクリューの動力源となるガスタービン）を持つ前部機械室、減速機

（主機の動力をスクリューのシャフトに伝達する機械）と巡航用小型主機を各2基持つ後部機械室、そして2基の発電機を持つ後部発電機室という配置であった。上方向からの船内図だと、船首から船尾までの中心線に沿って、左右対称にこれらの機器が並んでいる。

エグゾセが命中したのは、そのうちの前部発電機室であった。弾頭の爆発は不完全（砲弾類の不完全爆発は実戦では珍しくない）だったが、ミサイルが積載していた燃料が飛散して火災が発生した。

この時、前部発電機室の上部にあった調理室では昼食のフライを揚げている最中で、その食用油に引火したことがよく知られている。ただし実際の影響としては、主機や発電機の燃料（軽油）の引火のほうがはるかに重大であった。

油断していた英艦隊

こうした緊急時に司令塔となるのが応急作業指揮所であるが、あいにく前部発電機室の後方に位置していたので、真っ先に機能を喪失してしまった。さらに、ミサイル命中と同時にシェフィールドは停電し、肝心のポンプが使用不能となったため、ろくな消火活動ができなかった。

戦闘態勢の軍艦は、前部発電機と後部発電機の両方を常に運転し、どちらが被害を受けても、もう片方でバックアップできるようにしているものだ。当時のシェフィールドも、艦隊外周で対空監視という危険な任務に従事しており、当然、戦闘態勢に入っているべきだった。しかし実際には、平常時とさほど変わりない状態で、後部発電機を止めていたのである。

その背景には、英国側の油断が存在した。この段階での英海軍は、アルゼンチンの巡洋艦「ヘネラル・ベルグラーノ」を撃沈し、敵艦隊の動きを封じ込めたことで緊張感が緩み、アルゼンチン側を見くびる雰囲気が生じていたらしい。その結果、戦争中にもかかわらず乗員への配慮を優先し、戦闘態勢を緩めていたのである。

ちなみにシェフィールドでは、ミサイル発射前のアルゼンチン攻撃機を数秒だけレーダーにとらえていたが、警戒発令をしていなかった。これも同様に気の緩みと考えられる。その２分後、わずか５００ｍの距離で、飛来するエグゾセを発見した時にはもう手遅れであった。

構造上の欠陥

前部発電機室で発生した火災は、隣接する前部機械室、さらにその隣へと次々に燃え広がった。被弾の4時間後には船体内部の三分の二が炎に包まれ、火薬庫が誘爆するおそれもあったため、総員退艦を余儀なくされた。火災は2日後に自然鎮火したが、機関部が全損したシェフィールドは漂流船と化した。

かくも急速に延焼《えんしょう》したのは、前述のとおり戦闘態勢に入っておらず、艦内の防火（防水）扉が開いていたためである。同艦は船体の軽量化のためにアルミ材を多用していたが、アルミ合金は鋼鉄と比べて融点が低く、火災の高熱によって隔壁が溶け落ちてしまったことも影響していた。

さらに、艦の「心臓」である機関関係の機器を隣り合わせに配置したパラレル式の船内構造にそもそもの問題があった。「卵を一つのカゴに盛るな（そのカゴを落としたら、全部の卵が割れてしまうぞ）」というリスク管理の格言のとおりである。たとえ同艦が戦闘態勢に入っていたとしても、エグゾセの弾頭がきちんと爆発していれば、やはり機関部が壊滅して行動不能に陥ったことだろう。

その後、シェフィールドは僚艦に曳航《えいこう》されたが、近隣の英領まで運ぶ途中、荒天により浸水して沈没した。ただし筆者は、「荒天により浸水」という発表は虚偽《きょぎ》ではないかと疑っている。同艦の船体にはミサイルが突入した直径１ｍ程度の穴が開いているだけで、水線下は無傷だったからだ。おそらく僚艦が魚雷を撃ち込んで処分したのだろう。

英艦隊としては、フォークランド諸島への逆上陸作戦を控え、艦艇を１隻でも多く確保したい時期であった。どのみち廃棄処分になるシェフィールドの曳航に、艦艇を割り当てるのが勿体《もったい》なかったに違いない。敢えて虚偽の発表をしたのは、艦内に残っている戦死者の遺体回収を諦めることに関して、世論の批判をかわすためだろう。

海上自衛隊の対策

フォークランド紛争の後、各国海軍では、対艦ミサイルの猛威に備えて、艦艇の抗堪性《こうたん》（敵の攻撃に耐えて機能を維持する能力）の向上が課題となった。その対策の柱となったのが、機関部の配置をシフト式に改めることだった。

このシフト式とは、左右のスクリューを動かす機関部を独立させて、位置を前後にずらした上で、その間に「防火帯」となる別の空間を挟みこむという配置方式である。そうすれば、ミサイルが命中しても左右どちらかの機関部は生き残るので、電源も確保されるし、自力で退避することもできるというわけだ。

読者の皆さんは、「何だ、その程度のことか」と思ったかもしれない。しかし、既存のパラレル式の艦艇をシフト式に改造するのは無理であり、新設計の艦艇を建造しないといけない。艦内で左右の機関部の位置を離すとなれば、船体が大型化することは避けられず、建造価格が跳ね上がる。また、建造作業やメンテナンスの面でも、船内配置が左右対称でないだけに余計な手間がかかる。

逆に言えば、それまでパラレル式が普及したのは、そのほうが経済的であるからだ。しかし、経済性ばかり偏重すると、ダメージコントロールの面で脆弱となるのは避けられない。シェフィールドの撃沈という「証拠」を突き付けられた海軍関係者は、艦艇の抗堪性について再考せざるを得なくなったのである。

海上自衛隊で抗堪性に配慮した最初の護衛艦は、1988年に就役した「あさぎり」型である。前タイプの「はつゆき」型よりも船体は7m長くなり、基準排水量は500t増えて3500tとなった。しかし、この程度の上乗せでは十分な設計ができず、様々な面で不満が残ったという。

真の意味でフォークランド紛争の戦訓を反映した護衛艦は、1996年に就役した「むらさめ」型である。従来の護衛艦とは明らかに一線を画する設計で、基準排水量は4550tに達した。抗堪性向上のために設計の基本にまで遡って見直しをすれば、それだけコストが余計にかかるということだ。

余談であるが、機関配置をシフト式とした艦艇は、左右の機関部の位置が離れているので煙突が2本となる。逆に言えば、煙突の数を見れば、機関部がパラレル式かシフト式かすぐに見分けがつく。海上自衛隊では、前述の「あさぎり」型からシフト式を採用し、今では現役艦艇のほとんどが2本煙突となっている。

その一方で、近年急膨張を続けている近隣諸国の艦艇は、その大半が1本煙突である。とにかく艦艇の数を増やそうとして、建造価格が安いパラレル式で我慢したのか、それとも海軍としての経験が少ないために、抗堪性の問題を軽視しているのか、おそらくその両方だろう。この様子では、日米海軍のレベルに追い付くのに、あと30年はかかると筆者は胸を撫《な》で下ろしている。

第4講　失敗に学べない人々

～歪曲《わいきょく》された事故の教訓～

どうして不祥事の教訓が伝承されないのか

先日、講演先の企業経営者と昼食を取る機会があり、その問題意識を色々と聞かせていただいた。その中で特に印象に残ったのは、「わが社が批判されていた当時のことを知らない若手社員が増えた」という述懐である。

同社では、数年前に不祥事が発覚して激しい社会的批判に曝《さら》されたことが、コンプライアンス意識の啓発《けいはつ》に大きく寄与した。ところが、近年では採用者数が増えたせいで、事件以降に入社した若手がすでに2割を超えたという。過去の事件を知識として持っているだけで、経験の裏付けがない彼らに対し、不祥事の教訓をどのように指導すべきか頭を悩ませているとのことだ。

部外者の眼からすれば、「自社の不祥事について社内でしっかり教育するのは当然ではないか」と感じるかもしれない。ところが意外にそれが難しい。

多くの企業では、社内教育用の資料は外形的事実の羅列にとどまり、それ以上については奥歯に物が挟まったような説明を口頭でするにとどめている。会社としての面子、不祥事に関係した同僚への配慮、部外に対する秘密保持などの理由から、不祥事の核心に触れるところは文書に書かないのである。

ところが口頭伝承では、説明内容の詳細度や正確性にどうしても限界がある。かくして10年くらい経過すると、新聞の見出し程度のことしか知らない社員が多数派になるというわけだ。筆者も、企業関係者と雑談した際、「自社の不祥事なのに、こんなことさえ教えられていないのか」と驚き呆《あき》れた経験が幾度かある。

肝心なのは経営者の姿勢

不祥事の教訓をきちんと引き継ぐためのポイントは、「形にして残すこと」と「オープンに語ること」である。その模範として、三井物産と住友金属鉱山の2社が挙げられる。

口頭による伝承に頼らずに、「形にして残すこと」の意義は敢えて説明するまでもない。

三井物産では、DPF（排ガス浄化装置）データ捏造事件について、同社の研修所の玄関に問題のDPFを展示するとともに、事件の記録を「風化させないために」と題する新書版の冊子に取りまとめて全社員に配布した。そして住友金属鉱山では、子会社で発生した臨界事故に関する資料館を、住友グループ発祥の地である新居浜市《にいはま》に設置し、国内外を問わず全社員を対象に研修を進めている。

次に「オープンに語ること」をポイントに掲げたのは、不祥事について口にすることがタブー視されるのを防ぐためである。社外の者に対しても、「わが社では過去にこんな不祥事がありまして」と堂々と話すくらいでないといけない。ちなみに三井物産や住友金属鉱山では、事例研究のために両社の不祥事に関して突っ込んだ質問をした筆者に対し、実に率直かつ詳細に説明してくれた。

結局のところは、不祥事の教訓を忘れてはならないという強い覚悟が経営者にあるかどうかにかかっている。「わが社にとって不名誉なことだからなるべく触れたくない」という気持ちをトップが抱いていれば、「形にして残すこと」や「オープンに語ること」は期待できない。

歪曲された教訓

先日、某経済誌の記事を読んでいた筆者は、不祥事の教訓があまりに歪曲されていることに驚いた。その記事は、素材メーカーA社のB社長に対するインタビューである。同社では、数年前にC事業所で火災が発生して、数名が焼死する事故を起こしていた。問題の記事の概要は以下のとおりである。

「当時、C事業所では何重にも安全対策をやっていたつもりでしたが、それでも想定外のことが起きれば、対策に抜け落ちているところがあることに気付きました。福島第一原発事故も、格納容器など五重の対策があるから大丈夫だと考えられていましたが、1000年に1度の大災害には太刀打ちできなかったのです」

要するに、A社ではきちんと安全対策を行なっていたが、普通では想定できないような特殊な問題により事故が発生してしまったという趣旨《しゅし》である。しかし、実情は大きく異なる。この事故の主な原因は以下の4点である。

・安全措置としてバルブに施錠しておくはずであったが、作業現場で使う2種類のチェックリストの両方に記載漏れがあって、施錠がされていなかった。

・バルブのスイッチに保護カバーが設置されていなかったため、誤接触によりスイッチが入ってバルブが誤作動を起こしてしまった。

・バルブの動力源である空気元弁は閉止されているはずだったが、最後に使用した作業員が閉止するのを失念していた。

・可燃物のバルブを開くという危険な作業をしていたのに、その下の階では別件の作業を続行していたために被害が広がった。

はっきり申し上げて、「想定外」の問題は一つもない。当たり前の安全対策がきちんとできていなかっただけのことだ。念のために申し上げておくが、この原因分析は筆者独自のものではなく、A社が発表した事故報告書にちゃんと書いてある。ネットでも公開されているので、興味をお持ちの読者は探してみるとよいだろう。

それにしても、どうしてB社長はこれほどミスリーディングな説明をしたのだろうか。あれほどの大事故である上に、発生から数年しか経っておらず、事実誤認《ごにん》とは考えにくい。自社の不始末を糊塗するために、敢えて歪曲して語ったという疑いが拭《ぬぐ》えない。経営者がこのような姿勢では、社内でも不祥事の教訓が正確に伝承されているか疑わしいと言わざるを得ない。

第５講　アルバイト教育には限度がある

〜テーマパークに潜《ひそ》む落とし穴〜

安全バーが上がったままで走行

先日、東京近郊で巨大テーマパークを運営するA社を訪問し、同社のアトラクションで２０１２年に発生した負傷事故について聞き取り調査を行なった。問題のB施設は、いわゆるジェットコースターで、ライド（定員６人の搬機）がコース上で３６０度のループをするのが特徴である

事故が発生したライドには３人分の空席があった。B施設の安全設備は、U字型の安全バーを下げ、乗客の両肩から腹部にかけて固定する方式である。運営マニュアルには、空席については乗車案内係が安全バーを下げると規定していたが、係員がうっかりしていて、１席だけ安全バーが上がったままだった。

運行管理を担当する発車係は、ライドの発車ボタンを押した瞬間にそのことに気付き、すかさず一時停止ボタンを押した。両方のボタンをほぼ同時に押したため、ライドはその場に

停車したままであった。しかし、B施設の運行システム上では、ライドは「出発状態」に切り換わっていたのである。

B施設の安全設備には、複雑な仕組みが組み込まれていた。「出発状態」になると、安全バーが上がらないのは勿論だが、下げることもできない。コース途中にある360度のループを通過する時に安全バーがはずみで押し込まれて、乗客が息苦しくなることを防止するためである。

乗車案内係は、上がったままの安全バーを押し下げようとしたが、ライドは「出発状態」なので下がらない。そこで、ライドの後部に付いているロック解除ペダルを踏んだ。

この解除ペダルは、緊急時に乗客をライドから救出するための設備である。その設置目的に則して、安全バーを上げる方向にはロックを解除するけれども、逆に下がる方向には引き続きロックをかけたままにする構造であった。そのため乗車案内係は、やはり安全バーを下げられなくて困惑した。

その間、解除ペダルが踏まれたことで、前列左側の乗客Xの安全バーが上がってしまった。残りの2人の乗客は手でバーを押さえていたので、見かけは下がったままであったが、上方向のロックが解除されているので、身体を座席に固定する機能は失われていた。

この段階で、ライドを「停止状態」と誤認していた発車係が、再出発のための準備操作をした。B施設の運営マニュアルでは、トラブル解決後にスムーズに再出発できるように、準備操作として一時停止ボタンを解除しておく旨を規定していたのである。ところが、前述のとおりライドは「出発状態」となっていたため、一時停止が解除されると走行を開始した。

乗客Xは、安全バーが上がったまま動き始めたことに驚いてライドから飛び降り、乗り場の端から転落して軽傷を負ってしまった。ちなみに、問題のライドは発車係がすぐに停止させたため、他の乗客は無事であった。

事故の原因メカニズム

本事故の原因の第一として、B施設の安全バーの操作に関して、係員の教育が不足していたことが挙げられる。ただし、前述したように、安全バーのロック機構が複雑でわかりにくい点は否めない。筆者も、A社が公表した報告書だけでは意味がわからず、こうして説明していただいて初めて理解できたほどだ。

原因の第二は、まだトラブルが解決していない段階で、再出発の準備を始めさせるという運行優先のマニュアルである。お客様をなるべく待たせず、スムーズに運行させたいという考え方は理解できるが、ジェットコースターという本来的に危険な遊戯《ゆうぎ》施設では、安全を最優先とすべきであった。

原因の第三は、「停止状態」と「出発状態」を識別する装置が整備されていなかったことである。もしも発車操作のパネルに「出発状態」を表示するランプが点灯するようになっていれば、発車係の勘違いを有効に防止できたはずだ。

そして原因の第四は、インターロックを設置していなかったことである。このインターロックとは、人間が関与する局面ではヒューマンエラーが不可避的に発生することを前提として、人間が操作を誤った場合には当該機械の運行を不可能にする仕組みである。本件の場合であれば、すべての安全バーが下がっていないとライドが運行できないようにシステムを設計すべきであった。

東京ドーム死亡事故との共通点

本事故を受けてA社では、安全バーの仕組みなどに関する安全教育プログラムを強化することとした。前述のとおり係員の教育不足が原因の一つである以上、事業者側がこうした対策を取るのは当然だが、それだけでは問題の本質的解決にはつながらない。

この事故に関与した係員はいずれもアルバイトであった。正社員と比較して、アルバイトは仕事に対する意欲や責任感が低く、専門知識の蓄積も不十分という傾向が認められる。この問題は、非正規労働の中でも特に不安定なアルバイトという雇用形態に起因し、教育だけで完全に解決できるものではない。また、アルバイトの雇用が流動的である以上、高い教育レベルを常に維持することは難しい。

２０１１年に東京ドームで発生したコースター「舞姫」における死亡事故の直接原因は安全バーの確認不備だったが、その背景には、やはりアルバイトの教育不足が存在した。筆者としては、教育不足の問題がアルバイトには避けられないと認識し、それでも重大事故の発生を防止できるように工夫する必要があると考えている。

B施設の場合であれば、原因の第四で示したとおり、人間による運行操作に問題があればライドが出発できないようにするインターロックを整備すべきである。筆者は、A社の担当者に東京ドーム事故の原因メカニズムについて詳しく説明し、インターロックの整備を強く奨めたが、その反応はあまり芳しいものではなかった。

担当者の心理を推察すると、もうとっくに結論が出た話なのに、今さら蒸し返されても困るといったところだろう。あらためてインターロックを整備しようとすれば、運行プログラムの書き換え、施設やライドの改修、アルバイトへの再教育などに相当な手間がかかる。さらに言えば、もう大丈夫ということでB施設の運行を再開したのに、「やっぱり対策をやり直します」では、お客様や関係行政機関に合わせる顔があるまい。

現在のシステムのままでも、重大事故が発生する確率は1億回に1回くらいだろう。その意味では、筆者がリスクに過敏になりすぎているだけかもしれない。しかし、1分間に1回運行、1日に12時間営業とすると、1年間の運行回数は26万2800回となる。運行を20年続ければ525万6000回、その間に重大事故が発生する確率は約5％となる。

さらに気がかりなのは、A社の他のアトラクションのシステムも、B施設と同様のコンセプトで設計された可能性があることだ。その場合、テーマパーク全体としての重大事故の発生確率は跳ね上がることになる。

A社からの帰路、筆者は以上の計算を頭の中で巡《めぐ》らしながら、「それでも俺は、子どもたちにせがまれれば、またこのテーマパークに来るんだろうな」と自嘲《じちょう》した。

この世の中は様々なリスクに溢《あふ》れており、そのすべてに対応することはできない。リスク管理の対象となるリスクをどこで線引きするか、専門家を自称する筆者にとっても極めて悩ましい課題なのである。

第6講　いつまでも欠点が正されないのはなぜか
～自衛隊の欠陥兵器～

分解してしまった機関銃

筆者はとにかく好奇心が旺盛《おうせい》である。そのため、現場視察に出かけると、あれこれ試してみたり、質問したりして、周囲を呆れさせることが少なくない。

そんな軽々しい真似をせず、勿体をつけて頷《うなず》くだけにすれば、もっと威厳《いげん》のある人物を装《よそお》えるのだが、性格だからしょうがない。「塵も積もれば山となる」のことわざのように、こうした些細な経験や知見も、積み重ねていけば自分の見識となるはずと開き直っている。

20年ほど前のこと、筆者は陸上自衛隊の視察に参加し、そこで各種装備の展示を見せていただいた。ふと眼をやると、机上に数丁の銃器が並べられている。いつもの好奇心がむらむらと湧き出し、「これ、触ってもいいですか」と尋ねると、「タマは入っていませんから、ご自由にどうぞ」という話だった。

そこで、真ん中に置いてあった機関銃に目を止め、そのキャリングハンドル（銃を携行する時に握る部品、銃身と一体化している）をつかんで持ち上げようとした。次の瞬間、とんでもないことが起きた。

そのキャリングハンドルごと、銃身がすぽんと外《はず》れたのである。つまり、機関銃が分解してしまったのだ。あわてた筆者は、机上に残ったままの本体に銃身を差し込もうとしたが、接続部分の緩みが大きくてかっちりはまらない。焦って周囲を見回すと、案内役の方が、「これは壊れたわけではありませんので、そのままにしておいてください」とフォローしてくれた。

その後、どうして機関銃が分解したのか気になってしょうがなかった筆者は、防衛庁（当時）の知り合いに質問してみた。すると、「機関銃は、もともと銃身が外れるようになっているんですよ」との回答である。

機関銃で連続射撃をすると、火薬の燃焼ガスによって銃身がどんどん灼《や》けてくる。そのままだと銃身が破裂するおそれがある上に、銃身内部のライフリング（施条）が磨滅して射撃精度が急激に低下する。そこで、灼けた銃身を取り外して、別の銃身と簡単に交換できる構造となっている。

ただし、この程度の軍事知識であれば、マニアックな筆者もよく承知していた。筆者が本当に聞きたかったのは、「どうして銃身がこんなにあっさり外れるのか」という点である。それに対しては、「たまたまそうなったんじゃないですか」と歯切れの悪い返答しか返ってこなかった。

62式機関銃は欠陥品？

そこで独力で調べてみると、その機関銃（正式名称は「62式機関銃」）の評判があまりに悪いことに驚かされた。元自衛隊員による文献やインターネットでは、「欠陥品」という評価が定着している。

筆者が経験したように、62式機関銃は銃身と機関部の結合が甘く、訓練中に銃身がすっぽ抜けるトラブルがちょくちょく発生するようだ。隊員たちは、この銃にガムテープを巻いて、銃身が外れないように工夫しているという。

銃の性能面でも、射撃時のブレがひどくて命中率が悪いとされている。たしかにネットの動画で、射撃時の映像を他国の機関銃と比較すると、62式機関銃のブレが大きいことは一目瞭然である。その他にも、銃身の肉厚が薄すぎてすぐに灼けついてしまう、部品数が多すぎて整備が難しい、信頼性が低くて頻繁《ひんぱん》に故障するなど様々な問題があるという。

そのため、隊員の間では、「62式いうこと聞かん銃」「キング・オブ・クソ銃」などと馬鹿にされている。現場でこれだけボロクソに言われているのはただ事ではない。

ちなみに、1994年に自衛隊が実施したPKO（国連平和維持活動）のルワンダ難民救援では、この62式機関銃を派遣部隊に携行させるかどうか国会で論戦になった。筆者は、62式機関銃を「強力な武器」だと激しく批判する某議員のテレビ映像を眺めながら、日本の防衛論議の底の浅さに嘆息《たんそく》するしかなかった。現地の人はまさかそんなに出来の悪い機関銃とは知らないから、こけおどしには役立ったことだろう。しかし、派遣された隊員の立場とすれば、たまったものではなかったはずだ。

一般論としては、完成度が不十分な工業製品が市場に出回るのは珍しい話ではなく、改良を重ねて問題点を解決していけば良い。ところが、この62式機関銃については、その後も何の改良もなされずに調達が続けられ、いまだに現役装備とされている。どうしてこれほどの欠点が放置されているのだろうか。

国産化を急いだために経験不足のメーカーが開発

1950年に警察予備隊として発足した陸上自衛隊は、当初、米軍から供与された中古兵器を装備していた。そこで兵器の更新と国産化が課題となり、64式小銃の開発を豊和工業に、62式機関銃の開発をN社にそれぞれ依頼した。

N社はかつて大砲を製造した旧海軍系の特殊鋼メーカーだが、陸戦用の銃器については試作品を開発した経験しかなかった。そのN社に依頼したのは、銃器メーカーの豊和工業だけでは、小銃と機関銃を同時に開発できなかったためだろう。当時、更新用の銃器についても米国製を押し付けられそうになっていて、日本側としては、一刻も早く国産の実績を作りたかったとされる。

そうして出来上がった62式機関銃は、日本人の体格に合わせて軽量化を追求した結果、銃身の肉厚がものすごく薄くなっている。連続射撃をする（＝銃身の耐久性が要求される）機関銃なのに、なんと64式小銃よりも銃身が細いのだ。機械工学的に見ると、62式機関銃の欠陥の多くは、この細すぎる銃身に由来している。

銃身の肉厚が薄いと、射撃時の火薬ガスの内圧で銃身が一瞬膨張《ぼうちょう》する。そこで、機関部と銃身の隙間を広くしたところ、結合部が緩くなって銃身が外れやすくなった。さらに、膨張した銃身が元のサイズに収縮《しゅうしゅく》する際にカラ薬莢《やっきょう》を挟み込んでしまうので、薬莢を掻《か》き出す特殊な機構が必要となった。ところが、この機構が故障しやすい上に、射撃時にスライドする構造なので、その振動で命中率が低下したのである。

銃身が細すぎる欠点については、開発途中で豊和工業からアドバイスを受けていたが、N社の技術者は自らの設計に固執したという。要するに、軽量化にこだわりすぎてバランスを失してしまったのであり、経験不足のN社に開発を任せたのがそもそもの間違いだった。

どうして失敗を認められないのか

それでは、62式機関銃の問題点が現場で露呈した後も、何の改良もなされずに調達が続けられたのはどうしてだろうか。

実のところ、前述した欠陥を解決するには、部品の交換くらいでは足りず、あらためて設計し直さないといけない。ところが、当時の防衛庁にはそれができない事情があったようだ。組織不祥事のありがちなパターンに当てはめると、以下のように推察できる。

62式機関銃の調達停止と再設計の予算措置を行なうには、その前提として、重大な欠陥が存在することを公式に認める必要がある。もちろん、「なぜそのような欠陥品を採用したのか」と国会で追及されるのは避けられない。それにも増して心配なのは、「やっぱり国産では駄目だ。米国製を購入したほうがよい」という流れになって、兵器国産化の方針が覆《くつがえ》されることだった。

それでは困ると防衛庁側は頰《ほお》かむりを決め込み、その辺りの空気を察した現場の部隊も口をつぐんだ。かくして、「現場からは特に苦情が上がってこないから、62式機関銃には何の問題もありません」という虚構が作り上げられたと筆者は推理している。

その後、時間の経過とともに兵器国産化の方針は定着したが、「62式機関銃は欠陥品でした」と今さら発表するわけにもいかない。そうなると対策はただ一つ、そのまま隠し通すしかない。かくして50年にもわたって62式機関銃が使い続けられることになった。

現場にツケが回される

ようやく90年代になって、自衛隊では、62式機関銃の更新のためにMINIMI機関銃の導入を開始した。ベルギーのFN社（銃器関係の名門企業）が開発したMINIMIは、たしかに信頼性の高い優秀な銃であるが、62式機関銃の更新用としては無理がある。

MINIMIは、62式機関銃の30口径（7・62㎜）弾と違って、22口径（5・56㎜）弾を使用する。この22口径弾は重量が小さいため、少し距離が開くと威力がてきめんに落ち、命中率も低下してしまうのだ。諸外国の軍隊では、MINIMIを歩兵分隊（10人程度のチーム）の装備として、その分隊の後方から30口径機関銃で支援射撃を行なうという2段階方式を取っている。

それなのに自衛隊が62式機関銃をＭＩＮＩＭＩで更新したのは、財務省との関係だろう。予算削減にうるさい財務省側は、「自衛隊はほとんど実弾射撃をしていないから、まだ62式機関銃も十分に使えるでしょう」と主張する。それに対して防衛庁側は「実は62式機関銃は欠陥品でして……」とは言えず、「これからの機関銃は22口径というのが世界の趨勢《すうせい》なので、62式機関銃を更新する必要があります」と説明したのではないか。

このまま更新が進めば、隊員は「キング・オブ・クソ銃」から解放される。しかし、自衛隊が30口径の支援機関銃を持たないことは、有事にはおそろしいハンディキャップとなる。敵軍は、自衛隊のＭＩＮＩＭＩの有効射程外から、一方的に銃撃を浴びせることができるからだ。

ちなみに、２００３年から２００９年にかけてのイラクＰＫＯ派遣部隊は、軽装甲機動車を中心とした編成だったが、搭載していた機関銃はすべてＭＩＮＩＭＩであった。こうした車両に据《す》え付ける機関銃は30口径あるいはそれ以上が普通で、遠距離射撃ができない22口径機関銃を車載用としたケースは日本以外にない。危地に赴く自衛隊員に対し、あまりに酷い仕打ちではないだろうか。

論語に「過《あやま》ちて改《あらた》めざる、是《これ》を過ちと謂《い》う」とある。人間の為《な》すことに失敗は避けられないが、その失敗を隠そうとしてウソをつくと、いつまでもウソをつき続けないといけない。そのウソを重ねるという行為が、最初の失敗よりもはるかに大きな災厄《さいやく》を招来《しょうらい》することに思いを致すべきだろう。

第5章

歴史に学ぶ（幕末・明治編）

第1講　臨機応変に動ける中間管理職

～幕府歩兵隊はなぜ敗れたのか～

旧幕府軍対薩長軍

慶応4（1868）年の鳥羽《とば》・伏見《ふしみ》の戦いで、兵数的に優勢だった旧幕府軍は薩長軍に完敗した。その理由として、旧幕府軍の総大将である徳川慶喜《よしのぶ》が戦意を喪失したことや、薩長軍が新型小銃を装備していたことを思い浮かべる読者は少なくないだろうが、それは史実に反している。

大坂城にいた徳川慶喜は、1月3日に戦端が開かれて以来、少なくとも翌4日までは特に動きを見せていない。しかし、5日になると前線から敗報が届くようになり、さらに6日には敗残部隊が続々と大坂城に退却してきたために、同日夜に軍勢を見捨てて脱出したのである。つまり、慶喜が戦意を喪失したせいで敗れたのではなく、鳥羽・伏見の戦いに敗北したから、慶喜が戦意を喪失したという順序である。

また、薩長軍が新型（欧米列強ではすでに旧式だが）の前装《ぜんそう》式ライフル銃（いわゆるミニエー銃）を装備する一方で、旧幕府軍には、会津《あいづ》藩兵や新選組《しんせんぐみ》などの刀槍を主装備とする旧《きゅう》態依然《たいいぜん》の部隊が参加していたことは間違いない。しかし、旧幕府軍の主力である歩兵隊は前装式ライフル銃を装備し、一部の隊はさらに強力な後装《こうそう》式ライフル銃まで有していた。つまり、全体として見れば、薩長軍の兵装に決して劣るものではなかった。

それではどうして旧幕府軍は大敗したのだろうか。その具体例として、鳥羽方面の戦闘経過を描写してみよう。

拙劣《せつれつ》な作戦

鳥羽街道の警備に従事していたのは、薩摩《さつま》藩兵の6個小隊（兵力各１２０人）と若干の砲兵部隊などで、合わせて１０００人弱である。これに対する旧幕府軍は、歩兵4個大隊（兵力各4～５００人）や工兵部隊など約２０００人、さらに見廻組《みまわりぐみ》（新選組と同様の治安機関）４００人に桑名《くわな》藩兵・松山《まつやま》藩兵も配属されていた。戦力的には、旧幕府側が3倍程度の優勢である。

戦闘が開始されたのは、1月3日午後5時頃であった。薩摩藩兵の各小隊は、鳥羽街道に向かって凹字型に展開して待ち構えていた。そこに行軍隊形の密集縦隊で進撃してきた幕府歩兵は格好の標的となり、正面と両側面の三方から銃火を浴びて先鋒の1個大隊が潰走《かいそう》した。

しかし、幕府歩兵隊の士気は依然として旺盛であり、次の大隊が前進を再開した。ところが今度も散開せずに横隊で進んだため、待ち受ける薩摩藩兵の火網に自ら飛び込む形となり、再び三方からの銃火を受けて壊滅《かいめつ》した。かくして旧幕府軍は、ほとんど戦果を上げられぬまま2個大隊を喪失したのである。

翌4日、旧幕府軍は歩兵2個大隊の増援を受けて攻撃を再開した。この新着部隊は後装式ライフル銃を装備しており、火力の面では相当に優勢であった。ところが前回と同様に薩摩藩兵の十字砲火の中に突っ込んだため、結局は撃退されてしまった。

その後、幕府歩兵の残存部隊は、下鳥羽の町に陣地を構築して抵抗した。しかし、側面に守兵を配置していなかったので、薩摩藩兵の一部が大きく迂回して側背《そくはい》に回り込んだ。包囲されそうになった旧幕府軍は下鳥羽を放棄し、淀《よど》方面へと脱出するに至った。

頼みとしていた幕府歩兵隊が大損害を受けて後退し、さらに薩長軍に錦旗《きんき》が翻《ひるがえ》って、自らが賊軍の立場となったことを知った旧幕府軍は激しく動揺した。そこに淀藩・津《つ》藩の裏切りが発生し、一気に戦線が崩壊したのである。

中級指揮官の不足が敗因

それにしても、どうして幕府歩兵隊はこれほど拙劣な戦いをしたのだろうか。兵力面で上回っていた旧幕府側としては、両翼に部隊を散開させて薩摩藩兵を逆に包囲するように前進すれば、かなり有利に戦えたはずだ。また、防御戦闘の際にも、側面の守備部隊として１個中隊程度を配置しておけば、そう簡単に突破されるわけがなかった。

その敗因は、中級指揮官が不足していたことである。幕府歩兵の編成は、歩兵40人で１個小隊、３個小隊で１個中隊、５個中隊で１個大隊とされていた。つまり、１個大隊には中隊長５人、小隊長15人の中級指揮官を配置することとなっている。しかし実際には、中隊長の充足率は約５割にとどまり、小隊長に至っては１割にも満たなかったようだ。

幕府歩兵は江戸周辺の下層民衆から徴募されたが、指揮官クラスには当時の支配階級である武士を充てないといけない。ところが、徳川家の旗本や御家人は、長年の泰平によりすっかり惰弱《だじゃく》となっており、十分な人数の士官を育成することができなかったのである。

幕府歩兵が常に密集して戦ったのは、この中級指揮官の不足により、中隊あるいは小隊単位で機動することができなかったからだ。それに対して薩摩藩兵は、小隊（あるいは小隊をさらに分割した半小隊）が各指揮官の判断で自在に機動し、旧幕府軍の弱点につけ込む形で圧倒したのである。

雁字《がんじ》搦《がら》めにされた中間管理職

読者諸兄は、「そんなことだから江戸幕府は滅亡したのだ」と呆れているだろう。しかし、現代の日本企業にも同じ症状が現われている。中間管理職は山ほどいるかもしれないが、その中で中級指揮官として臨機応変の判断を下せる人材がどれだけいるだろうか。

中間管理職が自発的に動こうとせず、上級管理職が指示しなければ何も仕事が進まないようでは、中級指揮官が存在しないのと変わりない。そうした幕府歩兵隊並みの日本企業が、薩摩藩のように現場の中級指揮官がどんどん即決する外国企業と競争すれば、意思決定のスピードの違いに翻弄《ほんろう》され、ことごとく後手に回るのは当たり前だ。

それではどうして指示待ちの中間管理職が増えてしまったのだろうか。筆者の答えは、「経営者がそのように仕向けているから」である。

情報システムの発達によって報告連絡が容易《ようい》になったのは結構なことだが、その一方で上級管理職が細かいことにまで介入し、中間管理職から裁量権を奪っていれば、人材が育つはずがない。また、やたらと規則やマニュアルを作って中間管理職を雁字搦めに縛り上げてしまえば、ルーティーン以外の仕事を誰もやらなくなる。

「ウチの課長連中は指示待ちで困る」と嘆《なげ》く経営者は多い。しかし、彼らをそのように育て上げてきたのは誰なのか、胸に手を当てて考えてみるとよいだろう。

第2講　成長戦略は社内の改革から始めよ
～戊辰戦争の勝因は兵装の差～

ゲベール銃とミニエー銃

幕末を扱った大河ドラマでは、「ゲベール銃」や「ミニエー銃」という名称がよく出てくる。ゲベールとはオランダ語で「小銃」を意味するが、日本では前装式《ぜんそう》滑腔銃《かつくうじゆう》の通称となっていた。「前装」とは、火薬と銃弾を銃口から入れ、槊杖《さくじよう》で突き固めて装塡《そうてん》する方式である。「滑腔」とは、銃身内部にライフリング（施条）がないという意味だ。

もう一つのミニエー銃は前装式ライフル銃の通称であり、その代表的なものがエンフィールド（エンピール）銃である。ゲベール銃との違いは、銃身にライフリングが刻み込まれていることだ。このライフリングによって銃弾が旋転《せんてん》し、ジャイロ効果で弾道が安定するのである。

ミニエー銃は遠距離でも命中率が高く、有効射程（実戦で50％の命中率を期待できる射距離）は300ヤードに達する。それに対して滑腔銃身のゲベール銃は、射距離が長くなると命中率が急激に低下し、有効射程は100ヤードくらいしかない。

実戦では、この射程の差が非常に重要である。ミニエー銃の射手は、敵のゲベール銃の射程外から一方的に撃ち込むことができるからだ。そのため、1850年代の西欧諸国では、ミニエー銃への更新が進み、大量のゲベール銃がお蔵入りとなった。

ところがミニエー銃の時代は長く続かず、1860年代後半には、スナイドル銃などの後《こう》装《そう》式ライフル銃が登場した。「後装」とは、火薬と弾丸が一体化した弾薬筒を銃身の後尾から装塡する方式である。

これまでの前装銃は、装塡に手間がかかるので、熟練兵士でも1分間に4発撃つのが限界であった。しかも、装塡の際に銃を立てないといけないので、敵に狙撃される危険性も高かった。それに対して後装銃は、装塡動作が簡単なので未熟な兵士でも前装銃の数倍のペースで射撃できる上に、匍《ほ》匐《ふく》姿勢での装塡も容易であった。そのため西欧諸国では、先を争うように後装式ライフル銃を導入したのである。

かくして旧式化したミニエー銃が、さきほどのゲベール銃とともに、幕末の日本に大量に出回ることになった。先進国で要らなくなった中古兵器を武器商人が買い集め、発展途上国である日本に売りつけてボロ儲けをしたのである。この辺りの構図は、今も昔も変わらない。

優秀な銃器を装備していた薩長軍

戊辰戦争における薩摩藩・長州藩の強さは、銃器の差によるところが大きい。両藩ともいちはやく軍事改革に着手してミニエー銃を主装備とした上に、戦争後期には、より高性能のスナイドル銃への更新を進めていた。

これに対して東北諸藩では、洋式装備への切り換えが遅れたことに加えて、軍事技術に疎《うと》い購入担当者が武器商人に騙され、性能の低いゲベール銃を掴《つか》まされるケースが少なくなかったという。ちなみに、北越の戦いでは、わずか7万石の長岡《ながおか》藩の健闘がよく知られているが、河井継之助《かわいつぐのすけ》の指導により同藩兵がミニエー銃をいち早く装備していたことによるものだ。

あと半年ほど時間の余裕があれば、他の藩も長岡藩と同様に洋式銃を調達し、薩長軍に匹敵する戦力を整備したことだろう。しかし新政府側では、鳥羽・伏見の戦勝後すぐに東征軍を派遣し、武器商人との取引場所である横浜を押さえた。さらに矢継ぎ早に東北地方に侵攻し、敵に立て直しの時間を与えなかったのである。

その結果、薩長軍は優秀な兵装によって東北諸藩を短期間で圧倒した。まさに「先んずれば人を制す」である。戊辰戦争はわが国最大級の内戦だが、世界標準からすると、死傷者数や被害規模は非常に少なく、外国による紛争介入という最も懸念すべき事態も回避された。勝機を逃さずに一気呵成《いっきかせい》に攻め続けた維新の元勲《げんくん》たちの情勢判断を高く評価すべきだろう。

財政改革で積み上げた資金が倒幕の原動力に

ところで、薩長両藩は、もともとは攘夷《じょうい》の急先鋒であったはずなのに、どうして諸藩に先駆けて洋式兵装の導入を成し遂げたのだろうか。その理由は、攘夷に失敗して彼我《ひが》の実力差を思い知らされたためである。

薩摩藩は、文久３（１８６３）年の薩英戦争で、英国艦隊の鹿児島砲撃により軍事施設や城下町を破壊されたことを契機に、逆に英国との友好関係を構築するに至った。長州藩も、その翌年の下関《しものせき》戦争で英仏米蘭の四国連合艦隊に完敗した後は、海外からの先進技術の導入に積極的になった。

その意味では、両藩とも攘夷戦の失敗経験を活かしたことになる。ただし、外国兵器の必要性をいかに痛感したとしても、先立つものが無ければ購入できない。

薩摩藩の場合は、１８３０年代には藩財政が破産状態であったが、調所笑左衛門《ずしょしょうざえもん》が徹底した債務整理を行なうとともに、砂糖の専売制を導入して税収を拡大した。長州藩でも、１８４０年代に村田清風《むらたせいふう》による改革が行なわれ、交通の要所である下関で貿易事業を手掛けて数百万両の剰余金を積み上げたという。こうした潤沢《じゅんたく》な資金が武器購入や対朝廷の政治資金に充てられ、歴史を動かす原動力となったのである。

拡大戦略を描こうとするのであれば、まずその前に組織内部をしっかり固めないといけない。内部の問題点を放置したままで、薔薇《ばら》色の成長戦略に期待をかけるのは、現実逃避にすぎないのだ。

第3講　決断を先送りすることの危険性
～蜃気楼《しんきろう》の蝦夷《えぞ》共和国～

江戸開城と失業者対策

慶応４（１８６８）年1月の鳥羽・伏見の戦いでの敗北後、江戸に帰還した徳川慶喜は恭順の姿勢を示し、勝海舟《かつかいしゅう》が中心となって降伏交渉にあたることとなった。しかし新政府側には慶喜に厳しい処分を求める意見も強く、交渉は難航することが予想された。その際に交渉の材料として利用されたのが、榎本武揚《えのもとたけあき》率いる旧幕府艦隊である。

嘉永６（１８５３）年のペリー来航以来、海防の重要性に目覚めた徳川幕府は海軍力の充実に努め、この時点では、西国諸藩の艦船をすべて集めても対抗できないほどの戦力に成長していた。その中でも、旗艦「開陽丸」はオランダで建造された新鋭艦で、アジア最強の軍艦と謳《うた》われていた。

当時は鉄道が存在せず、大河に橋も架けられていなかったので、陸上交通は極めて貧弱であり、物資の流通はもっぱら海路に依存していた。もしも交渉が決裂すれば、この艦隊が出撃して海上交通を遮断《しゃだん》し、関東に進出した新政府軍の補給を断つぞと威嚇《いかく》したのだ。

勝海舟と西郷隆盛《さいごうたかもり》の交渉の結果、徳川慶喜の扱いについて、水戸藩にその身柄を預けて謹慎させる形で決着した。その際の付属条件として、「軍艦をすべて引き渡すこと」と明記されたのは、旧幕府艦隊の存在が新政府にとって悩みの種であったことを示す。

4月11日、徳川慶喜が水戸藩に出発し、江戸は無血開城された。ところがこの段階から、勝海舟と榎本武揚の思惑の違いが表面化した。勝としては、主君の助命に成功すれば家臣の務めは果たせたと認識していたが、榎本武揚は、残された徳川家臣団の処遇、つまり雇用問題に重大な関心を抱いていたのだ。

新政府が誕生したといっても、その実態は西国雄藩の寄り合い所帯にすぎない。独自財源を持たない新政府が、実収入約七百万石とされる徳川領に目をつけるのは当然である。徳川家が減封されれば、家臣団の大量失業は避けられなかった。

戊辰戦争の背景として、この雇用問題が大きな意味を持っていた。例えば、江戸開城に先立って旧幕府歩兵が大挙して脱走したが、下層民出身の徴募兵たちが大義名分のために決起《けっき》したわけではない。このままでは解雇されるのは確実であるため、自分たちの戦闘技能にカネを出してくれるスポンサーを探そうとしたのである。

証文の出し遅れとなった榎本艦隊

4月以降、徳川家の指揮系統から離脱した形で、旧幕府艦隊（以下は、「榎本艦隊」と呼ぶ）は品川沖に居座った。今日風に言えば、経営破綻《はたん》した徳川会社が新政府会社に吸収される際に、大量解雇を防ごうとして、徳川会社の唯一の優良部門であった榎本事業部がストライキに打って出たようなものだ。

こうして艦隊の存在感を見せつけることで、徳川領の削減幅の縮小（＝失業の減少）につなげようとしたのだろう。しかし新政府側はもっとしたたかだった。榎本艦隊を放置し、陸上の敵を片づけることに専念したのである。

4月24日には新政府軍が宇都宮城攻防戦に勝利し、大鳥圭介《おおとりけいすけ》率いる旧幕府歩兵隊を関東平野から駆逐した。そして5月15日には、上野寛永寺《かんえいじ》を占拠していた彰義隊《しょうぎたい》が殲滅《せんめつ》された。新政府が徳川家をわずか70万石に減封することを発表したのは5月24日である。それほど過酷な処分を行なっても、徳川家臣団の蜂起《ほうき》を恐れる必要がないくらいに、新政府側が関東における足場を固めたということだ。

さらに新政府軍は、閏4月から奥羽の玄関口である白河《しらかわ》への攻撃を開始し、奥羽越列藩同盟を圧迫していた。このまま陸上の反政府勢力が掃討《そうとう》されてしまえば、榎本艦隊は立ち枯れるだけである。同盟側からも支援を要請する使者が到着したが、榎本はリップサービスをするだけで逡巡《しゅんじゅん》を続けた。

その間、新政府軍は着々と軍事的成果を積み上げていったが、とりわけ二回にわたる上陸作戦が非常に効果的であった。その第一が、6月16日の平潟《ひらかた》（茨城県最北部の沿岸）上陸である。この上陸部隊が浜街道筋（福島県沿岸部）の諸藩を次々と撃破したことで、列藩同盟の中核であった仙台藩は自領防衛のために兵力を呼び戻し、それに動揺した中小藩が次々と降伏する結果となった。

それ以上に打撃となったのは、7月25日の新潟上陸である。すでに兵制改革を終えていた薩長軍と比較して、東北諸藩の兵備は非常に遅れていたため、外国商人から新型の銃器や弾薬を輸入していたが、その輸入ルートの中心が新潟港であった。新政府軍の新潟上陸は、同盟軍の背後を突くというだけでなく、その兵器調達を遮断する意味があったのだ。

もしも榎本艦隊が出動していれば、こうした上陸作戦を阻止することはもちろん、逆に新政府軍の海上補給を遮断して、戦局を転換させることが可能だった。しかし、榎本がようやく決意を固め、艦隊が仙台沖に到着したのは8月26日のことである。この段階では、すでに会津若松城は新政府軍に包囲され、仙台藩もすっかり戦意を喪失して降伏交渉を進めていた。榎本艦隊の出動の遅れは、同盟側にとってまさに致命的であった。

実現可能性がゼロの蝦夷共和国

その後、榎本艦隊は、仙台で旧幕府歩兵の残存部隊などを乗船させて北上すると、在北海道の新政府軍を撃破して箱館《はこだて》を占拠した。その目的は、北海道に旧徳川家臣団を移植し、生計の道を与えることであった。一部の歴史小説家は、この企てを「蝦夷共和国」と呼んで読者のロマンをかき立てているが、率直に申し上げて、実現可能性は皆無であった。

当時の北海道はいまだ手つかずの原野であり、人口は数万人程度にすぎない。寒冷な気候のため米作が困難で、食糧の相当部分を本州からの輸入に頼っていた。農地を開拓するには相当な資本がかかる上に、原野を切り開いて安定した収穫を得るようになるまでに最低でも二年はかかる。また、商業面では海産物の交易がさかんであったが、その中心は木綿栽培用の肥料としてニシン（金肥）を本州に輸出することだった。つまり、本州との関係が途絶すれば、北海道は日干しになる運命であった。

さらに言えば、陸上兵力だけでも２５００人という榎本軍は、北海道という弱小経済圏にとっては、あまりに過大な「お荷物」であった。資金調達に窮《きゅう》した榎本軍は、様々な名目を作っては住民から税金を徴収し、さらには偽造貨幣を発行することまでした。当然、住民は榎本軍を怨嗟《えんさ》し、新政府側に内通する者が続出したという。

「蝦夷共和国」の頼みの綱は海軍力だったが、この点でも拙劣であった。品川沖を出発した8隻のうち、旗艦「開陽丸」を含む5隻が、悪天候や操船ミスによって失われている。いくら不慣れな海域といっても、この喪失状況は異常と言わざるを得ない。過去の第二次長州征伐や阿波《あわ》沖海戦の際に幕府海軍がさほど活躍していないことも考え合わせると、彼らの艦船運用能力は意外に低かったのだろう。

もっとも、こうした事故による喪失が発生しなかったとしても、結局は同じことだった。軍艦というものは、陸上部隊とは比較にならないほど維持経費がかかるが、「蝦夷共和国」の乏しい財政ではそれだけのカネを捻出できない。しかも箱館港にはろくな修理施設がないので、いずれメンテナンス不足により艦船は機能を失っていたはずである。

残る陸上兵力も、健在とは言い難い状態だった。榎本軍の将兵は厳しい寒さに不慣れな上に、防寒具の不足により疾病が蔓延《まんえん》し、凍傷患者も相次いだことで、戦力が大幅に目減りしていたという。翌年春に新政府軍の攻撃が開始された段階では、経済・軍事の両面で「蝦夷共和国」は自壊《じかい》寸前に陥っていたのだ。

　現代の経営者にも、榎本武揚のように、方針を決めるべき時に決められずに時機を逸《いっ》したり、あるいは突拍子《とっぴょうし》もない構想を打ち上げて現場を唖然《あぜん》とさせたりするケースが少なくない。前者に対しては、「決断の先送りとは、〝当面は何もしない〟という決断なのです」、後者に対しては、「夢やロマンを追うのは結構ですが、足元がお留守になっていると、つまずいて転びますよ」と申し上げておこう。

第4講　勝つべくして勝つのが戦略の要諦

～西南戦争と山縣有朋《やまがたありとも》～

薩摩軍に対する戦略

明治6（1873）年、西郷隆盛が征韓論争に敗れて下野《げや》すると、政府内の旧薩摩藩出身者の多くがその後を追って辞表を提出した。鹿児島県に帰郷した彼らは、西郷隆盛の指導のもとに、人材育成を目的とする私学校を結成した。ところが私学校は、本来の目的から外れて政治結社・私設軍隊・行政機関として機能するようになり、鹿児島県は私学校の独立王国の様相を呈《てい》した。

中央政府としては決して許容できない状態だが、私学校の盟主である西郷隆盛は維新の元勲として声望が高い上に、私学校に集うのは戊辰戦争で活躍した剽悍《ひょうかん》な薩摩士族である。全国的にも士族の不満が渦巻いており、もしも私学校が決起すれば大乱となることは必至であったため、当面、政府は鹿児島県を放置せざるを得なかった。

その後、体制を固めて軍事力も整備した政府は、不平士族への対決姿勢を次第に強めていく。明治9（1876）年には廃刀令と金禄公債条例を公布し、士族の名誉と既得権に手を付けた。これに憤激《ふんげき》した不平士族によって神風連《じんぷうれん》の乱・秋月の乱・萩の乱が発生したが、いずれも早期に鎮圧することに成功した。自信をつけた政府は、いよいよ鹿児島県対策に乗り出した。その際に、軍事面の一切を采配《さいはい》したのが山縣有朋である。

薩摩軍が取り得る作戦としては、「①海路で一気に東京を目指す」、「②九州地方を制圧する」、「③鹿児島県で割拠する」の3ケースが想定される。これに対する山縣の戦略は、各地の不平士族が同調するのを防ぐため、すみやかに征討軍を九州に送り込んで薩摩軍の動きを封じた上で、優勢な火力によってじわじわと殲滅するという単純明快なものだった。

弾薬製造機の搬出

西南戦争で主に使用された銃器は、エンフィールド銃とスナイドル銃の2種類である。エンフィールド銃は前装式ライフル銃で、火薬と弾丸を銃口から入れ、槊杖《さくじょう》で突き固めて装塡する。この操作に手間がかかるので、熟練した兵士でも1分間に4発撃つのが限界だ。それに加えて、装塡の際に銃を立てないといけない（＝兵士が姿勢を起こす必要がある）ので標的になりやすく、雨天時には火薬が濡《ぬ》れて不発になりやすいという問題があった。

スナイドル銃は、このエンフィールド銃を改造して後装式としたものだ。火薬と弾丸が一体となった弾薬筒を銃身後尾から装塡する方式なので、熟練度の低い兵士でもエンフィールド銃の数倍のペースで速射できる。しかも、匍匐《ほふく》姿勢のままでも装塡が可能であり、弾薬筒なので雨天にも強かった。良いことずくめのスナイドル銃だが、一つだけ問題があった。肝心の弾薬筒を製造するのに専用の機械を必要としたのである。

鹿児島県には、旧藩時代に設置した弾薬製造機があり、新政府がそのまま使用していた。山縣は、薩摩軍がスナイドル銃を使えないようにするために、輸送船を鹿児島県に派遣し、弾薬製造機や製造済みの弾薬筒を鹿児島県から運び出すことにした。

明治10年1月30日、政府側が搬出作業を開始すると、激昂《げっこう》した私学校の急進派が、火薬庫を襲撃して弾薬を略奪した。この一件が西南戦争の発火点となった。火薬庫襲撃犯を政府側に引き渡すことは、私学校として絶対に認められない。したがって、決起せざるを得ないという結論に至ったのである。

ただし、それだけでは開戦の大義名分に欠けることから、鹿児島に帰郷中だった警視庁関係者を2月3日に拘束し、「西郷暗殺計画」が発覚したと喧伝《けんでん》した。余談となるが、この西郷暗殺計画について、筆者は事実無根と判断している。その理由としては、次の3点が挙げられる。

・当時の警視庁は内務省の一部局にすぎず、内務卿の大久保利通《おおくぼとしみち》が親友の西郷の暗殺を許すはずがないこと

・当時鹿児島県に帰郷していた警視庁関係者は計23名に達し、暗殺団としてはあまりに目立ちすぎること

・警視庁関係者の「自供」は拷問《ごうもん》の末に得たもので、信用性が認められないこと

警視庁関係者が帰郷していた目的は、私学校の動向視察と反私学校勢力の糾合にあったと考えるのが妥当である。ただしそれでも、歴然たる挑発行為であることに間違いない。政府側では、この挑発により私学校の急進派を暴発に追い込もうとしたのではないか。大久保利通は、西郷は決して反乱に同調しないと確信していたようだが、案に相違する結果となってしまったわけだ。

弾薬不足に苦しむ薩摩軍

火薬庫の襲撃は、もとより計画的な行動ではないため、弾薬製造機の搬出を見落とすという大きなミスがあった。そのため、いざ戦闘準備が開始されると、すぐに弾薬不足が表面化

した。

2月15日に出陣した段階で、薩摩軍が保有していた弾薬は約150万発にすぎなかった。兵士1人当たりにすれば約100発であり、本格的な戦闘になればすぐに撃ち尽くしてしまう。やがて弾薬筒が欠乏した薩摩軍は、火力が大きく減退するのを承知の上で、弾薬補給が可能なエンフィールド銃に切り換えた。

それでも1日の弾薬製造数は4500発程度にすぎなかったようだ。薩摩軍のうち前線に配置されている兵士を5000人としても、1人が1発撃つのがやっとである。西南戦争では薩摩軍の斬り込み戦術が非常に有名であるが、見方を変えれば、弾薬不足の薩摩軍は、やむなく白兵戦に頼らざるを得なかっただけのことだ。これに対して政府軍は、鹿児島県から移送した弾薬製造機を稼働させるとともに、新しく弾薬工場も建設して約30万発を日産し、スナイドル銃の火力を存分に発揮させたのである。

薩摩軍封じ込めのための部隊移動も、周到な準備のおかげで順調に進展した。薩摩軍を足止めする「楯」である熊本鎮台には、応援部隊として、小倉《こくら》駐屯の第14連隊からの1個大隊と警視庁からの警視隊400人が派遣された。かくして防衛戦力が大幅に増強された熊本鎮台は、2月22日の薩摩軍の総攻撃をはねかえし、その後も50日余にわたる包囲を耐え抜いた。

ちなみに、乃木希典《のぎまれすけ》連隊長率いる第14連隊の後続部隊については、連隊旗を薩摩軍に奪われた失態がよく知られている。しかし、その後も熊本北方の植木《うえき》地区で薩摩軍先鋒との戦闘を繰り返し、その北上を足留めした点では、軍事目的を十分に達成したと言えよう。

太平洋戦争を彷彿《ほうふつ》させる山縣戦略

歴史小説では、薩摩軍が熊本城を攻撃したことを敗因と指摘するものが多いが、それは史実に反している。

前述した作戦の選択肢のうち、「①海路で一気に東京を目指す」は、海軍力を持たない薩摩軍にとってリスクが高すぎた。政府側では海上警戒のため軍艦を派遣しており、すでに2月9日の時点で軍艦「高雄丸《たかおまる》」が錦江湾《きんこうわん》に到着していた。薩摩兵を満載した輸送船が洋上で軍艦に発見されれば、何の抵抗もできずに海の藻屑《もくず》にされてしまう。

「②九州地方を制圧する」も実現可能性はゼロだった。陸路を進む薩摩軍の先鋒が、熊本南郊の川尻《かわじり》に到着したのは2月20日であった。その一方で、政府側の征討部隊である第1旅団と第2旅団は、同じ20日に神戸《こうべ》を出発し、22日には博多《はかた》に到着していた。征討軍が熊本北方の高瀬《たかせ》で薩摩軍と相まみえたのは25日のことである。

したがって、薩摩軍が熊本城に目もくれずに北上したとしても、おそらく24日くらいに久留米《くるめ》付近で征討軍と衝突することになっただろう。つまり、薩摩軍の占領地域が少し広がるだけで、九州地方の制圧など論外だったのだ。

政府側としては、薩摩軍の行動を封じ込めて消耗戦に持ち込んでしまえば、勝利は確実だった。征討軍は、圧倒的な火力により前線の薩摩兵をじわじわ締めあげるとともに、その後方に上陸作戦を実施して、本拠地の鹿児島県との補給路を遮断《しやだん》した。薩摩軍はその後も随所《ずいしよ》で超人的な抵抗を示したが、兵士や弾薬の補充が途絶《とぜつ》しては、立ち枯れるのは時間の問題であった。

勘の良い読者は、この戦略が太平洋戦争の際に米軍が日本軍に対して用いたものと同じであることに気付いただろう。山縣有朋については、戦史家の大山柏《おおやまかしわ》が「平押し（正面攻撃）しか知らない凡将」と述べているように、将才に乏しかったとする評価が一般的である。たしかに作戦指揮の面ではそれほどではなかったようだ。しかし、勝つべくして勝つように戦略を練り、周到な準備を積み上げた山縣有朋が、西南戦争の最大の功労者であることは間違いない。

彼に対する評価が低いのは、日本人の傾向として、源義経《みなもとのよしつね》のように奇策を弄する戦術家を称賛しがちなためだろう。しかし戦争に勝利するには、個々の戦場における華々しい駆け引きよりも、大局的な戦略判断のほうがはるかに重要である。戦略家としての山縣有朋の価値を認識できない以上、日本人が戦略音痴《おんち》と言われても仕様がないだろう。

第5講　中途半端は自滅の道

～熊本城攻略に失敗した薩摩軍～

薩摩軍のグループシンク

今回は、西南戦争について薩摩軍の立場から検証してみよう。意外なことに、出陣時の薩摩軍首脳は、本格的な戦争に発展するとは予想しておらず、自分たちが決起して兵威を示すだけで政府は瓦解《がかい》すると考えていた。彼らの論拠は、次の4点に整理される。

・西郷隆盛は陸軍大将の階級（軍人として当時の最高位）を依然として保持しており、政府軍もその命令に従うはずと考えていたこと

・政府軍内部にも旧薩摩藩出身者が少なくなく、最終的には彼らも薩摩軍に同調すると判断していたこと

・薩摩軍が決起すれば、全国の不平士族もそれに同調して大乱となり、政府側は手の打ちようがなくなると予想していたこと

・農民からの徴募兵が主体の政府軍では、精鋭の薩摩軍にはとても対抗できないので、政

府側も無駄な抵抗はしないと判断していたこと

その実態は、典型的なグループシンクである。グループシンクとは、同質性の強い閉鎖的な集団内において、合意を形成しようとするプレッシャーから、物事を多様な視点から評価できなくなってしまうことだ。極めて同質性の強い薩摩士族が、私学校という閉鎖的な集団を作り、仲間うちでの大言壮語を通じて、自分たちが無敵軍団であるとの神話を膨らませていったのである。

ところが政府側では、戦闘準備を整えて薩摩軍を待ち受けていた。2月20日には、熊本南郊の川尻に到着した薩摩軍に対して熊本鎮台が先制攻撃の夜襲をかけ、その戦意を明らかにした。薩摩軍首脳は予想外の事態に驚いたが、農民兵など鎧袖一触《がいしゅういっしょく》であるとの認識は変わらず、22日に熊本城攻撃を敢行した。

熊本城の政治的効果

要塞《ようさい》攻撃にはセオリーがある。その一つは、大砲の集中投入により防御施設を破壊し、内部に突入するための破口を開けることだ。もう一つは、歩兵が敵からの狙撃を受けずに要塞に肉薄できるように、土嚢や塹壕などで安全な接近路を構築することである。

薩摩軍では、行軍速度が速い歩兵部隊が先行して熊本に到着し、移動に手間取る砲兵部隊は輸送の途上であった。しかし、鎮台兵を舐め切っていた薩摩軍首脳は、砲兵の到着を待たずに攻撃を開始した。しかも接近路の構築などの事前準備をせず、それどころか作戦さえも立てずに、各部隊がそのまま突っ込んでいく有様であった。

政府側の徴募兵でも、胸壁《きょうへき》に護《まも》られていれば、踏みとどまって射撃を続けることができた。猛烈な銃撃を浴びせられて、さしもの薩摩兵も死傷者が続出した。一点集中で突破しようと薩摩兵が集結すると、そこに鎮台側が大砲を撃ち込んで頓挫《とんざ》させた。かくして昼間戦闘では熊本城の外郭陣地を一箇所も突破できなかったが、薩摩軍の戦意は衰えておらず、同日夜には夜襲を敢行する予定であった。

銃撃の効果が大きく減殺《げんさい》される夜間であれば、薩摩軍の襲撃が成功する見込みは決して小さくなかった。それでも多数の死傷者が出るのは避けられないため、薩摩軍首脳の中でも躊躇《ためら》いがあり、白熱した議論の末に夜襲は中止された。

結果論となってしまうが、この局面では犠牲を顧《かえり》みずに熊本城攻撃を続行すべきだった。前回説明したように、薩摩軍の封じ込めのために征討軍が大挙して九州に向かいつつある。残された唯一の勝機は、「大勝利」を世間にアピールして、政府側の士気を阻喪《そそう》させるとともに、全国各地の不平士族の決起を促すことであった。熊本城の陥落イコール熊本鎮台の撃滅は、多大な犠牲に見合うだけの政治的効果があったと考えられる。

戦力集中に失敗

熊本城を後にして北上した薩摩軍は、27日に征討軍の第１・第２旅団と高瀬で激突した。実戦経験が豊富で機動力も秀でた薩摩軍にとって、野戦はむしろ望むところであり、「大勝利」を挙げるチャンスであった。

薩摩軍の作戦は、正面の篠原国幹《しのはらくにもと》隊が征討軍主力を拘束する一方で、村田新八《むらたしんぱち》隊と桐野利秋《きりのとしあき》隊が左右から包み込むように側面攻撃を行なうという包囲殲滅戦である。終日にわたって激戦が展開されたが、側面攻撃部隊は征討軍の防衛線を突破できず、ついに退却を余儀なくされた。

征討軍の戦力は、士族で編成された政府側最強部隊の近衛《このえ》連隊など４０００人以上であったが、それに対する薩摩軍は14個小隊２８００人にすぎなかった。もともと弾薬不足の薩摩軍は火力面で劣勢であった上に、兵数でもこれだけの差があれば、攻めきれなかったのも無理はない。

それにしても、薩摩兵約1万2000人のうち、この戦闘に参加したのは約4分の1である。どうして戦力をもっと集中しなかったのだろうか。

薩摩軍は、熊本城包囲部隊として約4000人の兵士を貼り付けるとともに、政府側の救援部隊を阻止する目的で、熊本に通じる諸街道にも警戒部隊を配置していたため、高瀬での野戦に十分な部隊を投入できなかったのである。言い換えると、熊本城の包囲を続けながら、北上して征討軍も撃破するという両面作戦を行なうだけの戦力が薩摩軍には無かったということだ。

田原坂《たばるざか》の戦いは自滅への道

その後、薩摩軍は田原坂に陣地を構築して防戦に転じた。征討軍の砲兵が通行できる街道が他所になかったため、難所の田原坂で征討軍の南下を阻止しようとしたのである。しかし、この方針変更も戦略的には失敗であった。防御的な陣地戦では征討軍に決定的な打撃を与えられない以上、消耗戦に移行せざるを得ない。ところが士族階級で構成される薩摩軍は、兵士の補充が極めて困難であった。

対する征討軍には、損失をはるかに上回るペースで応援部隊が続々と到着し、両軍の兵力差は拡大する一方となった。戦闘に不慣れな徴募兵たちも、薩摩軍を相手に苦戦を続けながら経験を積み重ね、練度《れんど》を急速に高めていったのである。

戦術的に見ても、田原坂は決して良い選択とは言えない。その弱点は、谷を挟んで対面に二俣《ふたまた》台地が存在することだった。征討軍は、この台地に大砲を運び上げ、田原坂の薩摩軍陣地に激しい砲撃を浴びせたのである。さらに、この二俣台地から歩兵を発進させれば、田原坂の稜線沿いに細長く展開した薩摩軍陣地に側面攻撃をかけることが可能であった。

薩摩軍は超人的な戦いぶりで幾度も征討軍を撃退したが、この状況下では死傷者が続出するのは避けられない。田原坂で戦った薩摩軍は30個小隊（６０００人）であるが、その30人の小隊長のうち実に11人が戦死した。薩摩軍全体では２０００人以上の死傷者が発生したものと推定される。

たしかに田原坂の地形を利用して征討軍を大いに苦しめることには成功した。しかし、「苦しめる」だけでは展望は開けず、消耗戦の中で兵力をすり減らす結果となった。田原坂の戦いは、薩摩軍にとって自滅以外の何物でもなかった。

薩摩軍が戦局を変える「大勝利」を掴むには、防御的な陣地戦ではなく、乾坤一擲《けんこんいってき》の野戦に打って出ることが必要だった。それなのに、どうして薩摩軍は田原坂を固守したのだろうか。その理由は、熊本城に対する「未練」である。

開戦直前の失火により熊本城の天守は全焼し、鎮台側はそこに蓄えていた五百石余の兵糧を失っていた。そのため、やがて兵糧が欠乏して鎮台は降伏すると期待し、その時間稼ぎの目的で陣地戦を選択したのである。前述のように包囲部隊に大兵力を割《さ》いたのも、補給を断って熊本城を陥落させるためだ。

ところが鎮台側は、籠城後も相当量の食糧をかき集めることに成功していた。4月15日に薩摩軍の包囲を破って征討軍が熊本城に到着した時点でも、依然として1カ月分以上の食糧が残っていたという。薩摩軍が不確かな情報を当てにして、熊本城の降伏に期待をかけたことが、田原坂における陣地戦という最悪の展開につながった。

4月20日、熊本東方に集結した薩摩軍は、3万人以上に膨《ふく》れ上がった征討軍に野戦を挑《いど》んだ。高瀬の戦いの時点でこの展開に持ち込んでいれば、薩摩軍にも十分に勝機があったことだろう。しかし、すでに薩摩軍の戦力は8000人程度に減少していた上に、田原坂戦で選り抜きの精兵を喪失したことで兵員の質も低下していた。この城東会戦で大敗を喫した薩摩軍は人吉《ひとよし》方面に退却し、西南戦争の帰趨《きすう》は決したのである。

薩摩軍の一連の行動を総括すると、どのようにして最終的な勝利を収めるのかという戦略がうかがえず、成り行きまかせで何事も中途半端に終わったという感が強い。現代の日本企業にも、選択と集中を徹底できずにジリ貧状態で袋小路《ふくろこうじ》に追い詰められているケースが多いのではないだろうか。

第6章

歴史に学ぶ（第二次世界大戦編）

第1講　獅子欺《あざむ》かざるの力
〜巡洋艦シドニーの失策〜

仮装巡洋艦コルモラン

オーストラリア海軍の巡洋艦シドニーは、１９３５年就役で排水量約７０００トン、主砲として15センチ連装砲４基８門を装備する強力な軍艦だった。

第二次世界大戦が勃発すると、当初はイギリス地中海艦隊に配属され、イタリア艦隊と幾度も砲火を交えて武勲を挙げた。１９４１年２月に本国に帰還した後は、インド洋方面において哨戒《しょうかい》や船団護衛の任務に従事した。同年11月19日、シドニーは、オーストラリア西部１５０マイルの海域で不審な商船を発見した。その船舶は、ドイツの仮装巡洋艦コルモランであった。

「仮装巡洋艦」とは、戦時中に軍艦の不足を補うため、高速の大型商船に大砲などを搭載したものであり、「武装商船」と呼ばれることもある。ドイツは、艦隊戦力では海軍国イギリスに敵《かな》わないため、一般商船に偽装した仮装巡洋艦を多数投入し、敵の海上輸送を攪乱《かくらん》する通商破壊作戦を展開していた。

コルモランの武装は、巧妙に隠蔽《いんぺい》された15センチ砲６門である。一般商船に仮装して相手船舶に十分に接近してから、おもむろに大砲の偽装板を外して急襲するという戦法を取っていた。コルモランは、シドニーに遭遇するまでに、11隻計６万８０００トンの連合国船舶を撃沈または拿捕《だほ》していた。

コルモランの備砲はシドニーと同口径であるが、第一次世界大戦当時の旧式砲で射撃統制装置もなく、精度を要求される遠距離射撃は不可能であった。商船を改造したコルモランの船体はやたらに大きく、敵からは格好の射撃目標となる上に装甲が皆無であったため、シドニーの主砲であれば簡単に機関部まで撃ち抜くことができた。消火設備や浸水防止装備もお粗末なので、砲弾を数発喰らったらおしまいである。つまり、名称は仮装「巡洋艦」であっても、正規の巡洋艦には到底対抗できない。

だからといって、シドニーから逃げることもできなかった。機関の故障によりコルモランは14ノットの速度しか出せなかったが、シドニーの最高速力は32・５ノットである。わかりやすく言えば、腹の突き出た中年サラリーマンが、現役のプロボクサーから喧嘩《けんか》を売られたようなものだった。

撃沈されたシドニー

やがてシドニーはコルモランに追いつくと、わずか1マイルの距離で並進して、船名照会の信号を送ってきた。コルモランは、「オランダ籍の商船である」と返信して騙そうとした。しかしシドニーからは、味方船舶に与えられている秘密の識別番号を送るように返信してきた。絶体絶命となったコルモランは、捨て身の攻撃を決意した。

コルモランのマストからオランダ国旗が下ろされ、代わりにドイツ海軍旗がひるがえると同時に偽装板が外され、姿を現わした大砲が射撃を開始した。わずか1マイル先の目標なので、複雑な距離計算は必要ない。最初の一斉射撃がシドニーの艦橋《かんきょう》に命中した。

シドニーもすぐに一斉射撃を返したが、これは照準が上にそれた。その後しばらくシドニーの咆哮《ほうこう》は停止している。コルモランの第一撃で艦橋の射撃指揮室が破壊されたためであろう。その間にコルモランの砲弾が次々とシドニーに突き刺さった。シドニーの船体には51ミリの装甲が装備されていたが、この近距離から15センチ砲を撃ちこまれたのではどうにもならなかった。

ようやくシドニーの後部砲塔が反撃を再開し、コルモランの機関部などに四発の命中弾を与えたがそこまでだった。コルモランの発射した魚雷が命中し、シドニーは戦闘能力を完全に喪失してしまった。コルモランはさらに30分ほども一方的に射撃を続け、シドニーをぐしゃぐしゃに破壊した。550発もの15センチ砲弾が発射され、その多くが命中したという。航行不能に陥ったシドニーは数時間後に沈没し、645人の乗組員全員が艦と運命を共にした。

一方のコルモランも、勝利の余韻に浸ることはできなかった。命中弾によって機関室が炎上し、やがて積載していた機雷に誘爆して沈没したのである。ちなみに、コルモランの乗員はボートで脱出し、後に救出されてオーストラリア軍の捕虜《ほりょ》となっている。

羹《あつもの》に懲りて膾《なます》を吹く

このように結末は相討ちとなったが、仮装巡洋艦が正規の巡洋艦を撃沈したというのは、前代未聞《ぜんだいみもん》のことである。シドニーの失敗は、コルモランに接近しすぎたために、初期段階で中枢部分に命中弾を受け、著しく戦闘力を減殺されたことだ。もしも彼我の距離が5マイルほど離れていれば、コルモランの旧式砲では手も足も出なかっただろう。

このシドニーの行動には理由があった。同年春に同じくオーストラリアの巡洋艦キャンベラがドイツの輸送艦を攻撃した際に、安全策を取って遠距離からの砲撃に終始したので命中率が低くなり、撃沈するまでに大量の砲弾を消費した。

この件についてオーストラリア海軍の軍令部は、「あまりに慎重すぎて弾薬を浪費した」とキャンベラの行動を非難した。そこでシドニーは、砲弾をできるだけ節約しようとコルモランに接近したのである。

その意味では、シドニー艦長が過剰に反応したことになるが、「羹に懲りて膾を吹く」という言葉があるように、決して珍しい話ではない。すべからく部下というものは、上司から「右に寄りすぎている」と叱責されると、動揺して今度は左に寄りすぎてしまう。

また、シドニーの側に油断があった点は否めない。コルモランの生存者の証言によると、戦闘直前のシドニーの甲板上では、非番の水兵たちがのんびりとコルモランの様子を見物していたという。つまり、戦闘配置が下命《かめい》されていなかったということだ。おそらくシドニーでは、「ドイツの仮装巡洋艦など鎧袖一触《がいしゅういっしょく》だ」と油断していたのだろう。

「獅子欺《あざむ》かざるの力」という言葉がある。現代風にわかりやすく表現すれば、「獅子はウサギを狩るのにも全力を尽くす」となる。シドニーの一件が如実に示すように、どれほどの強者であっても、敵の先制攻撃により大きなダメージを受けてしまえば、その実力を発揮できずにやられてしまう。だからこそ、どのような相手に対した場合でも、「『鋭い牙』を隠し持っているのではないか」という緊張感を決して失わないことが肝心である。

第2講　長期的視点を忘れるな
〜ドイツ空軍が敗北した理由〜

生産拡大の失敗

第二次世界大戦での枢軸国側の敗北理由について問えば、「圧倒的な工業力を持つ米国を相手に戦争を始めたこと自体が間違いだった」と答える人が多いだろう。この回答は決して間違いではないが、失敗学の観点からすると合格点をやれない。勝者の優位性だけでなく、敗者の側の問題点にも目を向ける必要があるからだ。今回は、戦争当初に無敵を誇ったドイツ空軍が、いかにして敗北の道をたどったのかを検証することにしよう。

1939年9月に世界大戦の火蓋《ひぶた》が切られ、ドイツ軍はわずか1カ月の電撃戦でポーランドを屈伏《くっぷく》させた。この電撃戦とは、空軍の濃密な航空支援のもとに機甲部隊が戦線を一気に突破し、敵軍の中枢機能を麻痺《まひ》させるという空陸共同作戦である。翌40年5月、今度は西部方面でドイツ軍は電撃戦を展開し、英仏連合軍を撃破してフランスとベネルクス三国を占領した。快勝の連続にドイツは沸き立ったが、その陰で敗北の序章はすでに始まっていた。

［表１］独英の軍用機生産数の変遷

	ドイツ	イギリス
1939年	8,295機	7,940機
1940年	10,826機	15,049機
1941年	11,776機	20,094機
1942年	15,556機	23,672機
1943年	25,527機	26,273機
1944年	39,807機	24,461機

（松代守弘〔2007〕より）

当時のドイツでは、ナチス政府の梃《てこ》入れにより航空機産業が急速に発達した上に、フランスを占領したことで同国の航空機産業も動員できるようになった。それにもかかわらず、表1が示すように、40年から42年まではイギリスの軍用機生産数がドイツを大きく上回っている。これは、ドイツ側の慢心が原因である。

相次いで大勝利を収めたことで、ドイツは「電撃戦による短期決着」という軍事ドクトリンを過信し、もはや第一次世界大戦のような長期消耗戦は起きないとの認識が広まった。そのため、国内の軍需産業は総力戦体制に移行せず、平時とさほど変わらぬ製造ペースを続けていた。

一方、占領地のフランスでは、戦時賠償の一環として軍需工場の精密工作機械を取り外してドイツに移送したが、前述のようにドイツではは生産拡大の予定が無いので、工作機械はそのまま倉庫で眠ることとなった。つまり、せっかく獲得したフランスの軍需産業も、まったく活用されなかったのである。

40年夏の英本土航空決戦（バトル・オブ・ブリテン）でドイツ空軍は初めての敗北を喫《きっ》した。当時のイギリスの軍用機生産数がドイツを凌駕《りょうが》していたことを勘案すれば、当然の結末である。機動戦士ガンダムの「戦いは数だよ、兄貴！」の名セリフのとおり、イギリス側が粘《ねば》り続けて消耗戦に持ち込めば、機体の補充が少ないドイツのほうが先に音《ね》を上げざるを得ない。ところが驚いたことに、この敗北後もドイツは軍用機生産の拡大に着手していない。「イギリス侵攻を中止しただけであり、ドイツが敗北したわけではない」と自己欺瞞《ぎまん》に陥ったのである。

翌41年6月にドイツは対ソ戦に踏み切ったが、その時点の保有機数は、1年前に対フランス戦を開始した時よりも若干少なかった。つまり、当時の軍用機生産能力では西部方面での損失さえ十分にカバーできない状態だったのに、さらに東部方面でも戦端を開いたことになる。

ドイツは電撃戦を再現してソ連軍に大打撃を与えたが、ソ連を屈伏させることができずに消耗戦に移行した。ドイツ空軍もずるずると損失を重ねて戦力が払底《ふってい》したが、上層部の確執のために対応が遅延し、ようやく生産増強計画が始動したのは41年末だった。

　軍用機の生産能力を大幅に拡大するには、工場の建設や工作機械の製造からスタートしないといけないので相当な時間を要する。その結果、41年の軍用機生産数は40年とあまり変化がなく、42年も対前年比3割増にとどまった。増産効果が本格的に現われたのは43年からであるが、戦争中の1年間の遅れは極めて重く、すでにドイツの退勢は覆《くつがえ》せないほどになっていた。

搭乗員育成の失敗

　ドイツ空軍のエースパイロットは、352機を撃墜《げきつい》して「黒い悪魔」と異名されたエーリヒ・ハルトマンを筆頭に、100機以上の撃墜記録を持つ者だけで107人もいる。それに対して、イギリス空軍トップのジョニー・ジョンソンは34機、アメリカ陸軍航空隊トップのリチャード・ボングは40機にすぎない。

　撃墜数の差がこれほど開いた理由として、パイロットの技量がお粗末なソ連空軍と対戦していた点を指摘する論者が多い。しかし忘れてならないのは、そもそもパイロットの出撃回数が英米よりもはるかに多かったことだ。ドイツ空軍では、パイロットの大量養成に失敗したことにより、前線では休む間もなく戦い続けることを強《し》いられていたのである。

本来パイロットの養成というものは、長期的視点に基づいて計画的に進めないといけない。訓練の手間が比較的かからない戦闘機パイロットでさえ、その教育には1年以上の期間を要するからだ。しかしドイツ空軍の場合には、空軍部内で訓練部門が「継子《まま こ》扱い」され、何かにつけてしわ寄せを受けていたことが大きな障害となった。

前述のとおり増産が遅れたドイツ空軍では、限られた生産能力をできるだけ実用機（前線で使用する機種）の製造に割り当てるようにした。その代償として配分を減らされたのが練習機である。表2が示すように、それまで2割前後だった練習機等の生産比率が、42年には15・8%、44年には10・4%にまで縮小している。パイロットの養成には飛行訓練が欠かせない以上、こうして練習機の数が相対的に減らされたことによる影響は甚大《じんだい》だった。

さらにドイツ空軍では、大規模作戦を実施する際に、ベテランパイロットである教官を訓練部隊から引き抜いて前線に投入することを繰り返していた。その期間がたとえ限定的であっても、多数の教官が不在となれば、訓練計画を大混乱に陥れるのは必至である。さらに教官の質も低下の一途をたどった。戦争後期には、厳しい戦闘の連続で心身ともに消耗したパ

［表2］ドイツの機種別生産比率の変遷

	戦闘機	爆撃機	練習機等
1939年	20.5%	28.9%	19.7%
1940年	26.8%	27.8%	23.6%
1941年	30.2%	27.2%	24.3%
1942年	35.8%	28.0%	15.8%
1943年	43.9%	18.6%	14.1%
1944年	62.3%	5.6%	10.4%

（松代守弘〔2007〕より）

イロット（今日的に言えば、「燃え尽き症候群」）ばかりが教官に配属されるようになった。

また、爆撃機パイロット用の練習機であるＪｕ－52は、輸送機としてさかんに転用された。特に42～43年のスターリングラード戦では、敵に包囲された陸軍部隊に物資を補給するために、訓練部隊から多数のＪｕ－52をパイロットの教官と一緒にかき集めた。この空輸作戦では、冬季の悪天候や劣悪な滑走路による事故、あるいはソ連軍の対空砲火や戦闘機の襲撃によって教官や機体の多くが失われ、爆撃機パイロットの訓練体制は壊滅的打撃を受けたのである。

こうした訓練部門に対するしわ寄せは、新人パイロットの不足に直結した。44年には、軍用機生産数約４万機とイギリスをようやく追い抜いたが、肝心のパイロットが足りないので戦力化できなくなっていた。例えば、同年6月に連合軍がノルマンディーに上陸し、大苦戦に陥った西部方面に戦闘機を優先的に配分しようとしたところ、前線部隊から「そんなに機体をもらっても、乗り込むパイロットがいない」と回答されたほどだ。

さらに新人パイロットの技量低下は惨憺《さんたん》たるものだった。大戦初期の訓練課程では、飛行訓練は約２４０時間（うち実用機訓練約90時間）だったが、42年には約２００時間（実用機約50時間）に減り、さらに43年後半からは約１８０時間（実用機約30時間）に落ち込んだ。そして44年になると、ドイツの合成石油（石炭から製造する人造石油で航空燃料に利用）工場に対する連合軍の戦略爆撃により燃料が不足したことで、飛行訓練がわずか１３０時間（実用機約20時間）にまで減少している。

当時の主力戦闘機であるＢｆ－１０９は、主脚の間隔が狭いなどクセが強い機体で、離着陸にはかなりの技量を要した。その難しい機体を前線の荒れた滑走路で未熟なパイロットに操縦させれば、事故が続出するのは当然である。こうした事故による損失数が、戦闘による損失数に匹敵する有様となった。

逆に連合軍側では、パイロットの訓練をどんどん充実させていった。大戦後期には、イギリスで約３３０時間（実用機約80時間）、アメリカに至っては約４００時間（実用機約１７０時間）を飛行訓練に充てている。こうしてレベルアップした連合軍パイロットと対決すれば、勝敗は火を見るよりも明らかだった。

ドイツ空軍の戦闘機パイロットの月間損耗率《そんもう》（航空戦が不活発な冬季を除く）は、42年には７％程度であったが、43年には15％前後に倍増し、44年には20％台に達した。戦局の悪化に伴いパイロットの損耗（戦死傷または捕虜）が増える一方で、補充の新人パイロットの技量が低いために損耗率がさらに上昇し、その欠員を穴埋めしようと訓練期間が短縮されて技量がさらに低下するという悪循環に陥っていたのだ。

44年後半になると、前線のパイロットは、超人的な技量を持つ古強者《ふるつわもの》と離着陸さえ覚束《おぼつか》ない新米に二極分化した。もちろん大多数は後者であり、パイロットの平均実戦経験は１カ月以下だった。つまり、ほとんどの新人パイロットは、過酷な戦闘の中で１カ月生き残ることさえできなかったのである。

ドイツ空軍の崩壊

44年秋以降、ドイツ空軍は戦闘機部隊の温存に努めた。戦力をある程度回復した上で集中的に運用し、ドイツの軍需産業に大きな被害を与えている連合軍の重爆撃機を迎え撃とうとしたのだ。ところが同年暮れ、40年の電撃戦の再現を狙った「ラインの守り」作戦（一般には「バルジの戦い」と呼ばれている）が発動された。空軍も約２０００機を投入して援護に当たったが、激しい航空戦によって数日で約３００名ものパイロットを失った。

「ラインの守り」作戦が頓挫するのを防ぐために、翌45年1月1日、ドイツ空軍は「ボーデンプラッテ（基盤）」作戦を実施した。約１０００機もの戦闘機を集中して、各地の連合軍航空基地に一斉攻撃を仕掛けたのである。この奇襲により２００機を超える連合軍機を撃破することに成功したが、ドイツ側の損害も甚大で約３００機を喪失した。未熟なパイロットたちは、それまで対重爆撃機戦法を主に訓練し、地上攻撃は不慣れだったため、航法ミスにより敵基地にたどりつけなかったり、目標を間違えたりする失敗が続出したのである。

当時のドイツは月間３０００機もの戦闘機を製造していたので、機体の喪失それ自体はすぐに埋め合わせできた。しかし、「ラインの守り」作戦での損失に続き、この「ボーデンプラッテ」作戦でも約２５０名のパイロットが未帰還となったことは大きな痛手だった。特に航空部隊の核であった指揮官クラスのベテラン搭乗員19名を失った結果、軍事組織としてのドイツ空軍は、この時点で実質的に崩壊したのである。6年間にわたる戦争でのドイツ空軍の損失機数は約11万機、パイロットの死傷者は約10万人とされている。

さて、以上のドイツ空軍の失敗からどのような教訓を学べるだろうか。第1の生産体制拡大の遅れについては、「ビジネスを上手くスタートさせても、そこで事業拡大の手を緩めて、ライバルに反撃の機会を与えてはならない」との教訓を導《みちび》けるだろう。日本の電機業界が薄型テレビで当初は優位に立ちながら、思い切った設備投資を実施したサムスンに逆転を許した一件はその典型である。

第2の新人パイロット養成の失敗からは、「若手社員の育成は組織の最重要課題であって、一時的な業務の浮き沈みに振り回されてはいけない」という教訓を導くことができる。バブル崩壊後の不況下で採用数を極端に減らしたツケで、現時点では40歳前後の社員層が非常に薄く、いびつな年齢構成に悩んでいる企業は少なくない。ベテランの大量退職に伴う技能伝承が問題となるのも、中堅層の人数が絶対的に不足しているため、いきなり20代の若手に伝承せざるを得ない状況に陥っているからだ。

以上の二つの教訓に共通するのは、「組織経営は長期的視点に立脚しなければならない」という当たり前の話であるが、現実にはなかなかそれができないものらしい。だから失敗が繰り返されるのである。

第3講　失敗につながる社内政治
～ドイツ空軍上層部の人間模様～

第二次世界大戦時のドイツ空軍を題材として、失敗を導く社内メカニズムについて検証していくこととしよう。最初に取り上げる人物は、もちろん空軍トップのヘルマン・ゲーリングである。

「政治家」ゲーリング

第二次世界大戦でドイツ陸海軍は、ヒトラーの頑迷《がんめい》な作戦指揮にさんざん振り回されたが、空軍に関しては、大戦後期に至るまではヒトラーの介入は非常に少なかった。これは、空軍を率いるゲーリングにヒトラーが遠慮していたからだ。

ゲーリングは、第一次世界大戦で戦闘機パイロットとして活躍した。その勇敢《ゆうかん》な戦いぶりから「鉄人」と異名され、最高の栄誉であるプール・ル・メリット勲章を授与されたほどである。戦後、ヒトラーの思想に共鳴したゲーリングは、1922年にナチス党に入党した。翌23年に党防衛のための武装集団ＳＡ（突撃隊）の隊長に就任し、同年のミュンヘン一揆《いっき》では警察の銃撃を受けて瀕死の重傷を負った。その後の数年にわたるナチス党不遇の時期を乗り越え、28年に国会議員に初当選し、32年には国会議長に就任している。

当時のドイツは、貴族（＝高級将校）社会の伝統が根強く残っていた。税官吏の息子で軍隊の階級が伍長（下士官）どまりだったヒトラーは軽侮《けいぶ》され、ナチス党は「ごろつき集団」並みに扱われていた。

そうした状況下で、ブルジョア出身で第一次世界大戦の英雄というゲーリングは、社交界を活発に遊泳して上流階級の支持と莫大な献金を獲得し、ナチス党の勢力拡大に貢献した。33年にヒトラーが念願の首相の座を射止《いと》めた際にも、当時のドイツ大統領ヒンデンブルク（第一次世界大戦時の陸軍参謀総長）がゲーリングに好意を寄せていたことが決め手となった。

第一次世界大戦に敗北した結果、ヴェルサイユ条約によってドイツは空軍の保有を禁じられた。しかし、ヒトラー政権が樹立されると、ゲーリングが航空相に任命され、空軍再建の準備が着々と進められた。35年にヴェルサイユ条約が破棄されて再軍備が開始されると、新設されたドイツ空軍の総司令官にゲーリングが就任した。まさにゼロからのスタートである上に、航空戦力の構築には莫大な経費を必要とするが、ゲーリングはその政治力で予算を獲得し、わずか数年で世界最強の空軍を築き上げるに至った。

それ以外にもゲーリングは、プロイセン内相、首相などの要職を歴任した。秘密国家警察（ゲシュタポ）を創設して政敵や共産主義勢力の弾圧に努め、34年にはナチス党内の急進派と化したSA幹部をテロ（「長いナイフの夜」事件）によって粛清《しゆくせい》するなどして、ヒトラーの独裁体制を確立させた。こうした政治的活躍を高く評価したヒトラーは、38年にゲーリングを軍人の最高位である国家元帥に任命し、39年には自らの後継者に指名して、ナチスドイツにおける№2の座を与えたのである。

ヒトラーへの追従がもたらした破局

もしもゲーリングがギリシア・ローマ時代に生を受けていれば、並外れた勇敢さ、高い知性と巧みな弁舌（彼の知能指数は138と高く、戦後のニュルンベルク裁判では鋭い舌鋒で検察側を大いに悩ませた）、豊かなユーモアと洗練された社交術、さらに美術をこよなく愛するライフスタイルにより、英雄として歴史に名を残したかもしれない。しかし彼には、20世紀の指導者に不可欠な勤勉さと実務処理能力が欠落していた。

少し言い換えると、個人としては非常に魅力的な人物であっても、組織管理者としては失格ということだ。さらにゲーリングが組織の№2、つまり独裁者ヒトラーに仕《つか》える立場であったことが問題を悪化させた。

ゲーリングの軍事的失敗としては、次の2件が有名である。その第一は、40年夏季のフランス侵攻戦の際に、ドイツ機甲部隊の攻撃によりダンケルク周辺に追い詰められた英仏陸軍部隊を「わが空軍だけで殲滅できる」と大見得を切ったことだ。結局、ドイツ空軍だけでは連合軍の救出作戦を阻止できず、約34万人もの敵兵が英国に脱出するのを許してしまった。

第二は、42～43年冬季のスターリングラード戦でソ連軍に包囲されたドイツ第6軍に対し、「わが空軍が必要な物資を空輸できる」と確約したことだ。そのため第6軍は包囲を突破しようとせずに現地に踏みとどまったが、肝心の物資が必要量の三分の一も届かなかったので全滅し、30万人もの貴重なベテラン将兵を失ってしまった。

ゲーリングは、以上の作戦を綿密《めんみつ》な計算のもとに提唱《ていしょう》したわけではない。だからといって、単なる思いつきでもない。彼の真意は、ヒトラーが内心で欲している作戦を推察し、先回りしてそれを主張することにより、ヒトラーの歓心を買うことだった。

ダンケルク戦では、ヒトラーだけでなく陸軍側も、追い詰められて死に物狂いの連合軍と乱戦になって、虎の子の機甲部隊が消耗することは避けたいと考えていた。さらに言えば、フランス全土を制圧すれば、すぐにイギリスは講和を申し込んでくるとドイツ軍首脳は分析していたのである。

スターリングラード戦では、ソ連の独裁者スターリンの名前を冠した都市から撤退することは何としても避けたいとヒトラーは考えていた。そして当時のゲーリングも、ヒトラーに空軍の価値をアピールする機会をのどから手が出るほど欲していた。1942年から英空軍がドイツ本土に対する爆撃作戦を開始し、それを阻止できないドイツ空軍に対してヒトラーが不信感を強めていたためである。

もともとゲーリングは、総統官邸に勤務する連絡将校を通じて、ヒトラーが何を考えているかを逐一把握し、いち早くそれに迎合することでヒトラーの信頼を得るべく努めていた。つまりダンケルク戦でもスターリングラード戦でも、彼はヒトラーが欲しがっていた「回答」を提示したにすぎない。

結局のところ、全権力が個人に集中する組織の中では、その独裁者のお気に入りになることが何よりも優先される。ゲーリングは、その独裁型組織の力学に極めて忠実だったというだけである。

「実務家」ミルヒ

前述のとおりゲーリングは組織管理者としての適性を欠いていたが、それをカバーしたのがエアハルト・ミルヒだった。

ミルヒは、第一次世界大戦では偵察機部隊に所属し、良好な勤務成績により陸軍大学校に推薦されたが、入学前に敗戦となって参謀教育を受ける機会を失した。その後、航空機メーカーに入社したミルヒは、その卓越した実務能力でたちまち頭角を現わした。1926年に航空会社が統合してルフトハンザ社が設立されると、総支配人として辣腕《らつわん》を振るった。

早い段階からナチス党の将来性に着目したミルヒは、政治献金や遊説《ゆうぜい》のための航空券を提供して、ヒトラーをはじめナチス党幹部の知遇《ちぐう》を得た。33年にドイツ空軍の再建がスタートすると、彼はゲーリングの補佐役である航空省次官に任命された。

当時のドイツ航空機産業は弱体であったため、まずは軍用機の開発・製造に当たる企業の育成から始めなければならなかった。しかし、ミルヒの尽力によって、航空機産業の従業員数は当初の4000人から38年には20万人を超えるまでに急成長したのである。

かくして「政治家」ゲーリングと「実務家」ミルヒのコンビにより、ドイツ空軍の育成は順調に進んだが、ほどなくしてゲーリングはミルヒを脅威《きょうい》と感じるようになった。実務を仕切るミルヒが実質的に空軍の中心になった上に、その辣腕ぶりがヒトラーからも高く評価されたことで、ドイツ空軍がミルヒに乗っ取られると危惧したのだ。ゲーリングには、自ら創設・育成したゲシュタポを、同様の「実務家」ハインリヒ・ヒムラー親衛隊隊長に奪い取られた苦い経験があった。

さらにミルヒ自身の性格にも問題があった。有能な人材にありがちなことだが、傲岸《ごうがん》で他者との協調性に乏《とぼ》しかった。また、参謀教育を受けていない劣等感から、自分の取り巻きを重用する一方で、空軍の高級幹部との軋轢《あつれき》を深めていた。ゲーリングとしては、空軍再建の功労者でヒトラーの覚えも目出度《めでた》いミルヒを切り捨てるわけにもいかず、人事措置によりミルヒの権力を制限することで封じ込めようと謀《はか》った。

「ヒコーキ屋」ウーデット

エルンスト・ウーデットは、第一次世界大戦では62機撃墜の記録（「レッド・バロン」として名高い撃墜王マンフレート・フォン・リヒトホーフェンに次ぐ第二位）を持つエースパイロットで、プール・ル・メリット勲章も授与されている。戦後は曲芸飛行家として世界各地を巡業した後、かつての上官だったゲーリングの人脈で新生ドイツ空軍に招かれた。

ゲーリングは、１９３６年にウーデットを技術局長（新型機の研究開発を担当）に抜擢《ばってき》し、さらに39年には装備局長（軍用機の生産管理を担当）を兼務させた。これによってミルヒの持つ権限は大幅に縮小され、空軍内の監察業務に事実上限定されることになった。

ウーデットの功績は、急降下爆撃機の命中精度が非常に高いことに着目し、ドイツ空軍への導入を強く推奨したことである。そうして開発されたＪｕ−87急降下爆撃機は、大戦初期に戦車と並ぶ電撃戦の立役者として活躍した。しかし、一介の「ヒコーキ屋」にすぎないウーデットは、航空機の開発や生産に必要な技術的知識を欠いていた上に、ゲーリングと同様に組織管理者としての適性にも問題があった。

当時のドイツ空軍は、双発（エンジン２基）の高速爆撃機Ｊｕ−88及び四発（同４基）の重爆撃機Ｈｅ−１７７を開発中であった。ところが、急降下爆撃に対する思い入れが非常に強いウーデットが、この両機種も急降下爆撃ができるように要求したのである。急降下爆撃機は、低高度まで急降下して爆弾を投下した後、機体を急激に引き起こして離脱するため、機体の強度を相当に高くしないといけない。大幅な設計変更により開発作業は予定を超過した上に、出来上がった機体の性能も惨憺たるものだった。

最高時速５００㎞超と戦闘機並みのスピードを持つ高速爆撃機となるはずだったＪｕ−88

は、強度向上に伴う重量増により時速400㎞台の平凡な爆撃機となり下がった。また、He-177の場合には、そもそも四発の大型機に急降下爆撃をさせること自体が無理であり、いたずらに開発計画を遅延させただけであった。

さらにHe-177については、斬新なツインエンジン（2基のエンジンで1基のプロペラを回すシステム）を採用したことが大失敗となり、エンジンの故障により発火炎上する事故が相次いで「殺人機」とまで渾名された。技術に疎い「ヒコーキ屋」のウーデットは、ツインエンジンの技術的リスクの大きさに気が付かなかったのだ。

こうして新型爆撃機の開発に失敗した結果、ドイツの爆撃機戦力は相対的に弱体化せざるを得なかった。特に、長い航続距離と大きな爆弾搭載能力を持つ四発重爆撃機を持たないドイツ空軍は、敵国の軍需産業を根こそぎ破壊して戦争遂行能力を崩壊させる戦略爆撃をついに実施できなかったのである。

ウーデットは、航空機の生産管理についても無能だった。英本土航空決戦が始まる以前から、ミルヒはイギリスの航空機生産能力の伸長について警鐘を鳴らしていた。しかしウーデットはそれを顧《かえり》みようとせず、生産機数でイギリスに大きく水をあけられてしまった。1941年に対ソ戦が開始されて軍用機の消耗が目立ってくると、さすがにウーデットも生産拡大の必要性を認識したが、負担増を嫌がる航空機メーカー側を「ヒコーキ屋」のウーデットは統御できず、ずるずる時間が経過しただけであった。

この事態を憂慮《ゆうりょ》したゲーリングが、再びミルヒに生産管理を担当させようとしたところ、11月17日、失意のウーデットは自殺した。その後、ミルヒによる徹底した効率化が推進された結果、原材料の不足、連合軍による空爆、徴兵による労働力の減少など数々のマイナス要因にもかかわらず、ドイツ航空機産業は驚異的な生産数向上を達成した。

「官僚」イェショネク

前述のとおりヴェルサイユ条約によってドイツは空軍の保有を禁じられた。その一方で、第一次世界大戦の戦訓から航空戦力の重要性はよく理解されており、将来の空軍再建のために陸軍内に航空畑の優秀な将校たちを確保していた。そして、35年の再軍備宣言とともに、彼らは新生ドイツ空軍に移籍されて中核的役割を担った。その1人がハンス・イェショネクである。陸軍大学校を首席で卒業し、軍首脳としての将来を約束された人物だった。

39年2月、イェショネクは空軍最高司令部の参謀総長に就任する。この参謀総長というポストは作戦指揮全般を担当する重職だが、当時のイェショネクはまだ39歳だった。いかにエリートとはいえ、参謀総長としては若すぎる。

この異例の人事もミルヒ対策の一環《いっかん》だった。かつてミルヒがイェショネクを軍法会議にかけようとした事件があって以来、2人は犬猿の仲だったのである。また、ゲーリング自身も当時40代であり、年配の将官が参謀総長に就任するとやりづらいといった事情も加味されたようだ。

イェショネクは非常に優秀だったが、前線部隊の司令官はいずれも彼よりずっと先輩だったので、何かにつけて遠慮せざるを得なかった。イェショネクを抜擢したゲーリングも、彼に何の相談もなく前線部隊にいきなり命令を下すなど、事ごとに舐《な》めきった態度を取った。そのストレスからイェショネクはひどい胃痛に悩まされていたという。

ドイツ空軍の敗北に関するイェショネクの責任は重い。訓練部隊から教官を引き抜いてパイロットの養成計画を滅茶苦茶にしたほか、ウーデットと同様に軍用機生産体制の拡大にも消極的であった。ダンケルク戦の際には、「空軍だけで敵を撃滅するのは不可能だから、すぐに機甲部隊の前進を再開させてくれ」との前線司令官の直言を撥《は》ねつけている。スターリングラード戦では、空輸は不可能と判断した陸軍側がヒトラーを翻意《ほんい》させようと努めたが、イェショネクは沈黙を守った。

本来、参謀総長という役職は、広い視野に立って戦略を論じないといけない。しかしイェショネクは、ヒトラーやゲーリングに対して極めて忠実であり、「ヒトラー総統が短期決戦と仰《おつしや》っているのだから、持てる全ての戦力をつぎ込むのが自分の務めだ」「ゲーリング総司令官が作戦を決断した以上、とにかくやるしかない」と割り切っていた。

世間でエリートと呼ばれる人々の中には、優秀な頭脳を有しているにもかかわらず、上司の指示に従うだけの「官僚」的人物は珍しくない。イェショネクもその1人だった。さらに言えば、空軍部内での立場が弱い彼としては、従順な官僚に徹しなければやっていけないという事情もあったはずだ。

1943年に入ってドイツ本土に対する連合軍の戦略爆撃が激しくなると、それを阻止できないドイツ空軍に対するヒトラーの視線は日に日に険しくなった。何かにつけて欠勤するゲーリングに代わって、ヒトラーの怒声を浴びせられ続けたイェショネクは消耗し、彼の胃痛はさらに悪化した。

同年7月には、ドイツ最大の港湾都市ハンブルクが空襲により壊滅した。さらに8月になると、戦闘機工場や兵器製造に不可欠なボールベアリングの工場が戦略爆撃の標的とされた。前途を悲観したイェショネクは8月18日に自殺した。

「現場一筋」リヒトホーフェン

ヴォルフラム・フォン・リヒトホーフェンは、前述の撃墜王マンフレート・フォン・リヒトホーフェンの従兄弟であり、第一次世界大戦では自らも戦闘機パイロットとして活躍した。戦後も空軍再建要員として軍隊に残ったリヒトホーフェンは、1933年に技術局開発課長に任命され、新型軍用機の開発に従事した。

36年7月、スペインの人民戦線政府に対して右派のフランコ将軍が蜂起し、内戦が開始された。ヒトラーは反共産主義の立場からフランコ派の支援を決定し、空軍部隊を中心とするコンドル軍団をスペインに送り込んだ。このコンドル軍団の参謀長として作戦指揮に当たったのがリヒトホーフェンである。

新生ドイツ空軍にとって、スペイン内戦は新型軍用機の性能や新しい航空戦術をテストする格好の実験場だった。そこで、技術局開発課長の経歴とパイロットとしての実戦経験を兼ね備えたリヒトホーフェンに白羽の矢が立ったのだろう。

約3年にわたる内戦の中で実力を証明したBf－109戦闘機、He－111爆撃機、Ju－87急降下爆撃機などの機種は、後の第二次世界大戦においてドイツ空軍の主力として活躍することになる。また、航空戦術の面では、戦闘機が2機一組で戦うロッテ戦法が考案され、ドイツ空軍の実戦能力向上に大きく貢献した。

このようにスペイン内戦はきたるべき航空戦の雛型《ひな》となったが、ただ一つ違っていたのは、敵国の産業基盤を破壊する戦略爆撃が行なわれなかったことだ。当時のドイツには戦略爆撃に適した重爆撃機が存在しなかったことや、内戦ということでフランコ側も都市や工業施設への爆撃には消極的であったことが理由である。

スペイン内戦では、フランコ派が当初劣勢であったにもかかわらず、コンドル軍団が政府軍に痛打を与え続けたことが戦局の逆転につながった。その戦訓を踏まえてリヒトホーフェンは、味方の陸軍部隊を支援することが空軍の最大の任務であると確信するに至った。彼の強い個性と実戦経験に裏打ちされて、対地支援を重視するドクトリンが空軍内に急速に広まった。

第二次世界大戦でもドイツ空軍はその役割を十分に果たした。特に緒戦における電撃戦の成功には、「空飛ぶ砲兵」となったドイツ空軍が、味方機甲部隊の前進の障害となる敵の部隊や陣地を撃破したことが大きく寄与している。まさにドイツ軍にとっての「勝利の方程式」であったが、戦争後半の厳しい消耗戦の中ではそれが仇となった。

前述のようにドイツ空軍はＨｅ－１７７重爆撃機の開発に失敗したが、手持ちの爆撃機でも戦略爆撃が可能な場面はいくらもあった。大局的見地からすれば、前線で敵戦車100両を撃破するよりも、敵国の戦車工場を爆撃して生産台数を1000両減らすほうが、はるかに意味がある。しかしドイツ空軍では、前線からの支援要請に応じることが優先され、敵の工業力を潰す戦略爆撃には十分な戦力を振り向けなかったのだ。

その結果、個々の戦闘場面ではキラリと光る戦果をいくつも重ねながら、全体としての戦局の推移ではジリ貧傾向から抜け出すことができなかった。数々の成功体験を経て「勝利の方程式」が組織内にいったん定着すると、情勢の変化によってもはや通用しなくなっても、その呪縛から抜け出すのは決して容易《ようい》ではないということだ。

あなたの会社は大丈夫?

以上のドイツ空軍を彩《いろど》った幹部の面々を、今日の会社組織に置き換えるとどうなるだろうか。

・ゲーリング（副社長兼IT事業本部長）　かつて現場の営業所長として社長賞を受けたほどの「伝説の営業マン」。IT事業のことは皆目わからないが、巧みな遊泳術により社内政治には強い。ワンマン社長（ヒトラー）の意を得るのに汲々とするあまり、時々とんでもない指示を出して現場を唖然とさせる。

・ミルヒ（ＩＴ事業本部総務部長）　他社からヘッドハンティングされた人物で、ＩＴ関係については誰よりも精通している。優れた実務家であるが、性格が傲慢で周囲との軋轢が絶えない。野心家でワンマン社長の覚えも目出度いことから、最近ではＩＴ事業本部長から警戒されている。

・ウーデット（同開発部長）　かつての上司だった事業本部長のヒキで開発部長に抜擢される。ＩＴについては無知なのに自分の好みを開発方針として押し付けるため、スケジュールは大幅に遅延し、ようやく出来上がったシステムもバグだらけ。そのため下請業者からは舐められ、作業の効率化の指示をいくら出しても、一向に変化の兆《きざ》しがない。あまりの失敗の連続に最近では本人も落ち込み気味。

・イェショネク（同業務部長）　有名大学卒のエリートで、若くして業務部長に抜擢される。ただし、大局的な判断については上司のいいなりで、どのような命令にも素直に従う官僚的人物。事業本部長は彼を無視して支社に直接指示を出し、年配の支社長からは突き上げられ、あまりのストレスに胃薬が手放せない。

・リヒトホーフェン（東京支社長）　ＩＴ事業本部の草創期にドブ板営業によって大きな

業績を上げ、営業重視の社風を作るのに貢献した。ところが最近では、ライバル社が新しい営業スタイルに切り替えて成長しているのに、いつまでもドブ板営業にこだわっているために売上がじりじり下降。

こうして見ていくと、彼らは決して特殊な人物ではなく、むしろ組織の中でよく見かけるタイプであることがおわかりいただけただろう。少し言い換えれば、どのような組織でもドイツ空軍のような失敗に陥る可能性があるということだ。

「駄目な人間の集まりだから失敗する」のではなく、どの組織にも様々な問題点が常に潜在していて、注意や改善を怠ればとんでもない失敗を犯しかねない。そうした懼《おそ》れを抱くこと、それこそが「他山《たざん》の石」に学ぶ上で最も重要なポイントなのである。

第４講　世間の誤情報に惑わされるな
～日本を守り抜いた関東軍～

公式見解よりも短かったライン川

ローレライ伝説で知られるライン川は、スイスアルプスを源《みなもと》として、ドイツとフランスの国境を北へ流れ、オランダを経由して北海に注ぐヨーロッパの大河であり、ドイツでは「父なる川」と呼ばれている。そのライン川の全長は、公式見解では１３２０キロとされてきたが、実際には、それより90キロも短いことが近年判明した。

ケルン大学の研究者が、ライン川の歴史について調査していた折に、約百年前の文献に全長１２３０キロという記述があることを発見した。そこで、最新の地形図を基にライン川の長さをあらためて測定したところ、約１２３３キロという結論に達し、これまでの公式見解が誤りであることが明らかとなったのである。

それでは、どうしてこの間違いがずっと見過ごされていたのだろうか。発端は、１９３２年に出版された百科事典に、「全長１３２０キロ」と記載されたことである。百の位と十の位を書き間違えたうっかりミスが原因であるようだ。この百科事典の記述を誰もが事実と思い込んで引用しつづけたために、いつしか誤った数字が定着してしまったのである。

このように間違った情報が世間に流布するケースの日本版として、今回は関東軍を取り上げることとしよう。毎年夏にはテレビや新聞で太平洋戦争を回顧《かいこ》する特集が組まれるが、その際に「ソ連軍が日ソ中立条約を破って満州に侵攻した際、関東軍が居留民を見捨てて逃げた」という話を何度も耳にしたことがあるはずだ。しかし、それは事実とは言い難い。この点を検証するために、関東軍の歴史を振り返ってみよう。

暴走する関東軍

日露戦争に勝利した日本は、ポーツマス条約でロシアから関東州（遼東半島南部）の租借《そしゃく》権と南満州鉄道を譲渡された。この関東州と鉄道の警備部隊として創設されたのが関東軍である。当初は、1個師団と独立守備隊6個大隊で構成される小規模な軍事組織であった。

その後、「満州（現在の中国東北部）は日本の生命線である」との名分を掲げる急進的な参謀たちに壟断《ろうだん》され、関東軍は暴走を続けた。昭和3（1928）年には、河本大作《こうもとだいさく》高級参謀が満州の軍閥張作霖《ちょうさくりん》を爆弾で暗殺する事件を敢行し、田中義一《たなかぎいち》内閣を総辞職に追い込んだ。

昭和6（1931）年には、板垣征四郎《いたがきせいしろう》高級参謀と石原莞爾《いしはらかんじ》作戦参謀が柳条湖《りゅうじょうこ》事件（満州軍閥が南満州鉄道を爆破したと見せかける謀略）を引き起こした。これに対して、若槻礼次郎《わかつきれいじろう》内閣は緊急閣議で不拡大方針を決定したが、関東軍は満州全土を占領した上で、清《しん》朝最後の皇帝溥儀《ふぎ》を傀儡《かいらい》として擁立《ようりつ》し、満州国を建設したのである。

満州国と日本との間で締結《ていけつ》された日満議定書により、満州国の国防は関東軍に委託された。北方の脅威《きょうい》であるソ連と長大な国境線で対峙《たいじ》することとなった関東軍は、対ソ戦に備えて軍備の増強を推し進めた。その戦力が頂点に達したのが、昭和16（1941）年7月に実施された関東軍特別大演習（関特演）である。

この関特演は、欧州で独ソ戦が開始されたことを受けて、ソ連を東西から挟撃するために、内地から満州に大規模な部隊・物資の移動を行なったものだ。これによって関東軍は、精鋭の14個師団を基幹とする総勢74万人の大軍団に膨れ上がった。ただし、対ソ作戦は結局発動されなかった。日本軍が南部仏印（現在のベトナム）に進駐したことに反発した米国が、対日石油輸出の禁止などの厳しい経済制裁を発動し、南方の情勢が急激に悪化したためである。

太平洋方面への兵力転用

昭和16年12月、太平洋戦争が開始された。この時点でも、当時の陸軍兵力の30％に相当する20個師団約65万人が関東軍に配置されていた。この数字は、太平洋方面の11個師団約40万人を大きく上回り、日本陸軍の対ソ重視姿勢が顕著《けんちょ》に表われている。しかし、やがて米軍の反撃が本格化すると、関東軍の戦力を太平洋方面に転用することが避けられなくなった。

この兵力転用がスタートしたのは昭和19（1944）年1月であるが、戦局の悪化とともにペースが加速し、同年中には12個師団が派遣された。そして昭和20（1945）年にも、さらに8個師団が引き抜かれた。これによって、関東軍の誇る精鋭師団はすべて転出させられてしまった。さらに主力兵団以外にも、関東軍直轄の航空隊、戦車隊、砲兵隊、工兵隊、電信隊などの専門部隊が次々と送り出された。

関東軍では、満州在住の日本人を根こそぎ動員して、24個師団約75万人の戦力を確保した。しかし、新たに編成された部隊は、兵員の練度が極めて低い上に、装備の面でも、重火器はおろか小銃さえ各員に行き渡らない有様だった。かつての精鋭部隊とは比較にならず、実質的な戦力は、贔屓目《ひいきめ》に見ても8個師団以下であった。

昭和20（1945）年5月、ドイツが無条件降伏すると、ソ連は対独戦に従事していた部隊を極東に送り込み、対日戦の準備を着々と進めた。その模様については国境守備隊などから次々と情報が寄せられたが、関東軍では、ソ連の参戦は早くても9月以降、来春に持ち越される可能性もあると分析していた。あまりにも絶望的な状況下で、少しでも作戦準備の時間が欲しいという焦燥から希望的観測に陥ったのである。

その一方で、作戦構想も大きく変化していた。精鋭部隊を取り上げられて「張り子の虎」と化した関東軍では、ソ連軍に正面から太刀打ちすることは不可能だった。そこで、有事には満州国の大部分を放棄し、主力部隊を東南部の新京《しんきょう》（現在の長春《ちょうしゅん》）—奉天《ほうてん》（現在の瀋陽《しんよう》）—大連《だいれん》を結ぶラインまで後退させて、持久戦に持ち込む計画に変更した。純粋に軍事的観点からすると、極めて妥当な作戦と言えよう。しかし、この作戦には大きな欠点があった。満州国の各地に点在している日本人居留民を速やかに後退させる手段が無かったのである。

やるとすれば、ソ連と戦争状態になる以前から居留民の退避《たいひ》をスタートするしかない。しかし、そのことがソ連側を刺激して参戦を誘発するおそれがある上に、居留民移送のための交通手段や食料を手配する目途も立たなかった。また、本土もB29による空襲ですでに焦土と化していた上に、いずれは本土決戦が展開される見込みだったので、避難先の当てもなかった。かくして関東軍が居留民退避の決断を下せずにいるうちに、運命の日を迎えたのである。

関東軍部隊の死闘

8月9日未明、ワシレフスキー元帥を総司令官とする総兵力約150万人のソ連極東軍が、満州国の東部・北部・西部の三方面から一斉に進撃を開始した。ソ連軍と最初に戦火を交えたのは、国境付近に配置されていた要塞部隊である。ウスリー河岸の要地に位置する虎《こ》頭《とう》要塞は、圧倒的なソ連軍を相手に2週間も抵抗を続けた末に玉砕し、その他の要塞も文字通り最後の一兵に至るまで戦い抜いた。

野戦部隊の戦闘も壮絶だった。東方面は、満州国の首都である新京に最も近く、ソ連軍では攻撃の最重点に設定していた。関東軍としては、この東方面を突破されると作戦計画が瓦解してしまうため、第124師団、第126師団及び第135師団を集中投入して迎撃した。激しい戦闘の結果、第124師団は全滅寸前にまで陥ったが、牡丹江《ぼたんこう》周辺で敵を食い止めることに成功した。また、満州と朝鮮との連絡遮断を目的としたソ連軍の側面攻撃も、第112師団と第128師団が大損害を受けながら耐え抜いた。

北東方面においては、孫呉《そんご》の第123師団と璦琿《あいぐん》の独立混成第135旅団が敢闘して、終戦までソ連軍を阻止した。このうち第１２３師団は新しく編成されたばかりで戦闘力が低かったため、南方に転出した部隊が残置した１０００名の強兵により挺身《ていしん》隊を作り、爆弾を抱いての敵戦車への体当たり攻撃と夜間の斬り込み攻撃を反復して時間を稼いだ。北西方面でも、独立混成第80旅団がハイラルの陣地を守り抜くことに成功している。

その一方で、西方面についてはどうにもならなかった。他の方面では河川や山岳地を防御に利用できたが、西方面は戦車や機械化部隊の活動に適した広大な平原だったからだ。日本軍が防御のために陣地に籠《こも》ったとしても、敵の戦車部隊がそれを易々と迂回して進撃を続けるのは、かつて同所で発生したノモンハン事件の教訓からも明らかだった。

この地形で戦うには、こちらも戦車隊を投入して対抗し、さらに練度の高い精鋭師団により遊撃戦を挑むしかないが、関東軍には戦車隊も精鋭師団も残っていない。そこで、前述のように西方面の守備をあきらめ、新京‐奉天のラインまで後退する作戦としたのである。しかし、終戦によって関東軍の主力部隊は戦う機会を失することとなった。

関東軍に対する非難は正当か

居留民には悲惨な運命が待ち受けていた。当時満州国には１４５万人ほどの居留民が生活していたが、ソ連軍や蜂起した地元住民の攻撃を受けるなどして3万人以上が死亡した。さらに戦乱が収まった後も、満州に取り残された100万人以上の難民に対し、ソ連軍は何の手も打たずに放置したため、翌年春に帰還事業が開始されるまでに、十数万人が飢えと寒さで死亡した。

この悲劇に関して関東軍が責めを負うのは当然である。しかし、「居留民を見捨てて逃げた」と非難するのは適当でない。前述したように関東軍は各地で奮戦した。新京・奉天付近に集結した主力兵団も、終戦があと数日遅れていたら、否応なくソ連軍と激突していたはずだ。居留民の扱いについても、避難してきた居留民を前線部隊が陣地内に迎え入れて保護したケースはいくらもある。一部に見苦しい振舞いが発生したことは否定しないが、全体としてみれば、絶望的な状況の中で関東軍は健闘したと評価すべきであろう。

それにもかかわらず、「居留民を見捨てて逃げた」という情報が世間一般に流布している。間違った情報であっても、何度も繰り返し目や耳に入ってくると、人はそれを「真実」として受け入れてしまうのだ。

最近では、インターネットによる誤情報の拡大再生産が問題となっている。ブログやツイッターを通じて、間違った情報があっという間に増殖し、それに対する反論はヒステリックな集中砲火の的とされ、沈黙を余儀なくされる。まさに、「一犬虚《いっけんきょ》に吠《ほ》ゆれば、万犬実《ばんけんじつ》を伝《つた》う」の状態である。このように情報が氾濫《はんらん》する時代だからこそ、「疑う姿勢」を忘れないことが肝要《かんよう》となる。

余談となるが、南方に派遣された旧関東軍部隊は、以下に示すように、昭和19（１９４４）年以降の主な激戦地で日本軍の中核となって戦い、玉砕していった。

・サイパン島　戦車第９連隊
・ペリリュー島　第14師団中川支隊
・グアム島　第29師団
・硫黄島　戦車第26連隊
・レイテ島　第１師団、第68旅団
・ルソン島　第８師団、第10師団、第23師団、戦車第２師団
・沖縄　第24師団

これ以外にも、本土には第11師団、第25師団、第57師団、戦車第１師団が配備されていた。いざ本土決戦の際は、彼らが国土防衛の尖兵となったはずである。また、浅田次郎《あさだじろう》氏の著作『終わらざる夏』（集英社刊）で知られるようになった、千島《ちしま》列島北端の占守《しむしゅ》島の戦い

で活躍した戦車第11連隊も旧関東軍部隊である。

政治史の上では、関東軍という組織は日本を亡国に導いた軍国主義の牙城《がじょう》であり、忌《い》むべき存在であることは間違いない。しかし、一方的な情報に基づいて全否定するのでは、歴史から真に学んだことにはならないだろう。

第5講　トラック・パラオ空襲での日本海軍の失敗
〜本当に大事なものは何か？〜

日本の真珠湾

第一次世界大戦後に日本は、旧ドイツ植民地の南洋群島を委任統治領として獲得した。これらの島々は、太平洋戦争の際に日本海軍の拠点となったが、その中でも戦略的に特に重要とされたのが、マリアナ諸島、トラック諸島、そしてパラオ諸島である。

マリアナ諸島については、サイパン島やテニアン島が米軍に占領され、日本本土を空襲するB29爆撃機の出撃基地となったことがよく知られている。今回は、トラック諸島とパラオ諸島を巡る戦史を紹介しながら、「組織にとって本当に大事なものは何か」について考察しよう。

トラック諸島は、春島・夏島・竹島など14の島々を中心とした環礁で、大艦隊の収容に適した良好な泊地であった。1942年8月、ガダルカナル島で米軍が反攻を開始したのを受けて、連合艦隊司令部以下の主力艦艇がトラックに進出した。かくして連合艦隊の策源地となったトラックを、米軍は「日本の真珠湾」と呼んだ。

ガダルカナル戦に勝利した米軍は、1942年末から豪州軍とともにソロモン諸島や東部ニューギニア方面で攻勢に転じた。日本軍は、ニューブリテン島のラバウル航空基地を中心に激しく抵抗したが、長期にわたる消耗戦に乗員や機体の補充が追い付かず、制空権を奪われてじりじりと後退を重ねた。

1943年秋にはラバウル基地も弱体化し、その背後に位置するトラック諸島が敵の攻撃を受けるのは時間の問題となった。すでに同年8月の段階で連合艦隊を後方のパラオに転進させる計画も検討されていたが、連合艦隊司令長官の古賀《こが》峯一《みねいち》大将は、機会をとらえて艦隊決戦に持ち込みたいとの考えから、トラックから後退することに反対していた。

しかし、翌年1月7日に米軍偵察機がトラック上空に飛来したことで、連合艦隊司令部も遂に撤退を決意し、同30日には主力艦艇の第一陣がパラオに向けて出港した。2月4日にも再び米軍偵察機が現われたため、同10日に連合艦隊の旗艦「武蔵《むさし》」をはじめとする残余の主力艦艇もトラックを離れた。

トラックの壊滅

米海軍の空母艦隊がトラックに向けて出撃したのは、2月12日のことであった。米軍の無線通信が活発化したことで、日本側も哨戒機による警戒を強化し、同15日には通信隊が米空母の無線を傍受した。

日本海軍は、同16日未明にトラックが空襲を受ける公算が高いとして、第1警戒配備を発令した。しかし16日には空襲が無く、哨戒機も敵艦隊を発見できなかったため、第3警戒配備（戦時の平常体制）に戻した。数日にわたって緊張状態にあった兵士たちは、盛大に飲酒して解放感に浸ったという。日本軍のレーダーが米軍機の大編隊を発見したのは、翌17日の午前4時20分頃だった。

トラックの竹島には航空基地があり、零式戦闘機部隊が配備されていたが、迎撃《げいげき》に飛び立ったのはごく一部だった。第3警戒配備では出撃態勢の機体が少なかった上に、相当数の搭乗員が歓楽施設のある夏島に前夜から繰り出していて、まだ戻っていなかったのだ。

米空母の航空部隊は、日本側のわずかな迎撃機を蹴散らすと、竹島の飛行場を徹底的に破壊した。この戦いにおける日本機の損害は270機であるが、離陸できずに地上で撃破されたものが8割近くを占めた。その中には、内地から届いたばかりの最新の52型零式戦闘機1

00機も含まれていた。

かくして制空権を確保した米軍は、トラックの軍事施設や在泊船舶に対して悠々と攻撃を繰り返した。3基の重油タンクに蓄えていた1万7000トンもの重油を焼かれたことは、燃料不足に苦しむ日本海軍にとって大きな痛手であり、「日本の真珠湾」のトラックは基地としての機能を完全に喪失した。

海軍艦艇については、前述のとおり主力部隊がすでに退避していたため、軽巡洋艦2隻・駆逐艦4隻など計9隻の沈没にとどまった。しかし、補給物資を運ぶ各種輸送船31隻約20万トンが撃沈されてしまった。

当時、日本陸海軍は、米軍の反攻に対応するため、軍用輸送船の割り当てを40万トン増やすよう強硬に要求していた。しかし政府側は、軍用船舶を増やす（＝一般船舶の割り当てを減らす）と兵器生産が低下するというトレードオフを指摘し、10万トンが精一杯と回答したために議論が紛糾していた。それほど苦しい台所事情でありながら、たった一回の戦闘で20万トンもの輸送船（当時の日本船舶量の4％に相当、しかも優良船が多い）を撃沈されたのでは、とても戦争経済が保つはずがなかった。

繰り返された過ち

連合艦隊の移転先となったパラオが、次の標的とされるのも時間の問題だった。3月28日、パラオから750浬（約1400km）の海域で、哨戒機が米空母艦隊を発見した。日本海軍は翌29日に旗艦「武蔵」などの艦艇を急遽《きゅうきょ》出港させたが、輸送船は後回しにされ、脱出したのは一部にすぎなかった。

30日から翌31日にかけての米軍の空襲は、トラックの再現だった。日本側は航空機157機を喪失した上に、陸上の軍事施設も大きな損害を受け、パラオも壊滅したのである。戦闘艦艇の損失は駆逐艦1隻など軽微だったが、23隻約12万トンの輸送船が撃沈された。

沈没した輸送船の中には、タンカー6隻（うち5隻は1万トン以上の大型船）が含まれていた。日本海軍が大規模作戦を実施する際には、途中で燃料を補給するためにタンカーを艦隊に随伴させないといけない。そのタンカーをパラオで多数損失したことにより、以後の作戦には重大な支障が生じることになった。

さらに、洋上で艦艇の整備・修理をする工作艦「明石《あかし》」もこの時に撃沈された。「明石」は、基準排水量1万5000トンという大型の船体に、機械工場・組立工場・鋳造工場・板金工場など計17もの工場と最新型の工作機械144台を設置し、ベテランの工作部員が400

人も乗り組んでいるという「動く海軍工廠《こうしょう》」であった。

連合艦隊が本土から遠く離れた南洋で戦い続けるために、「明石」は無くてはならない存在であり、米軍でも最重要攻撃目標に指定していた。その「明石」を撃沈されたことで、日本海軍は南方での継戦能力を喪失したのも同然となってしまったのである。

ヘボ将棋の日本海軍

「ヘボ将棋、王より飛車をかわいがり」という警句がある。トラックとパラオにおける日本海軍の対応は、まさにヘボ将棋そのものであろう。

1944年の段階では、戦局が航空機中心の消耗戦に移行したことにより、戦艦や重巡洋艦のような戦闘艦艇の価値が大幅に減少する一方で、兵站《へいたん》を支える輸送船舶は欠くべからざる存在に浮上していた。もはや「虎の子」の輸送船を無闇に危険に曝《さら》すことは許されず、価値が低下した戦闘艦艇をその護衛に充てるくらいの発想が求められていた。しかし日本海軍は、戦闘艦艇の退避を優先し、輸送船を後回しにしたのである。

こうした失敗は、パラオやトラックだけではない。1943年から米軍は潜水艦による通商破壊作戦を活発化して、膨大な数の輸送船を沈めていた。それにもかかわらず、日本海軍では、「艦隊決戦に差し支《つか》える」との理由で船舶護衛用の艦船や哨戒機の派遣を拒み続け、低性能の旧式艦を申し訳ばかりに寄越《よこ》しただけであった。

海軍上層部は、消耗戦の現状に鑑み、輸送船が大事であることを頭では理解していたはずだ。しかし、いざ実務になると、それまでの海軍人生で培われた大艦巨砲主義や民間軽視・補給軽視の発想から脱却できなかったのである。

現代の民間企業でもこうした話が少なくない。かつて大黒柱であった部門が、競争環境の変化により赤字を垂れ流すようになっても、「祖業《そぎょう》」だからと抱え込んで傷口を広げる。あるいは、コンプライアンスやリスク管理の強化が必須の時代なのに、専門的人材を育てようとせず、素人同然の担当者を配置して事足れりとしている。自社を本当に支えているのはどの部署なのか、最大のリスクはどこにあるのか、改めて見直してみるべきではないだろうか。

第6講　棺《ひつぎ》が蓋《おお》われても評価は定まらず
～嶋田《しまだ》海軍大臣の思い出～

父にパンをくれた人

太平洋戦争の中盤、私の祖父は海軍の佐世保《させぼ》鎮守府の法務長（軍法会議の長）を務めており、その職務の関係で年に数回ほど上京し、海軍省での会議に出席していた。この会議では出席者に昼食が供《きょう》され、洋食の伝統がある海軍だけに、いつもフランスパンが付いていた。

何もかもが欠乏していた戦時下のことなので、祖父はそのパンを食べずに持ち帰り、まだ小学生だった父への土産《みやげ》としていた。やがて戦局が悪化するに連れて、このパンも次第に小さくなり、色も黒ずむようになっていったという。

ある時、嶋田繁太郎《しげたろう》海軍大臣（海相）が祖父の昼食時の行動を不思議に思って尋ね、その理由を知ると、「どうぞ私のもお持ちください」と自分のパンを祖父にことづけてくださった。若い読者の方は、取るに足らない話と思われるかもしれないが、食糧難で誰もが腹をすかせていた時代である。何よりも当の父が、この一個のパンのありがたさを今でも鮮明に覚えているのだ。

嶋田海相というと、海軍軍人の中では、戦後の評判が最も悪い人物の１人である。私がこの話を聞いて、「嶋田海相にも良いところがあったんだね」とふざけて言うと、父は色をなして怒った。「嶋田さんは俊秀《しゅんしゅう》揃いの海軍の中で大将にまで昇り詰めた方だ。それほどの人が立派でないはずがないじゃないか‼」

その通りである。不明を恥じた私は、嶋田繁太郎という武人について改めて勉強することにした。

嶋田繁太郎は海軍兵学校32期で、同期生には山本五十六《やまもといそろく》、吉田善吾《よしだぜんご》、堀悌吉《ほりていきち》などの英才が揃っている。この32期は、日露戦争のために卒業を繰り上げ、少尉候補生として従軍したことで知られている。

嶋田繁太郎が乗り組んだ巡洋艦「和泉《いずみ》」は、対馬《つしま》海峡を突破しようとするバルチック艦隊に触接し、激しい砲撃に曝されながらも敵艦隊の動静を艦隊主力に打電して、日本海海戦の勝利に大きく貢献した。嶋田繁太郎は、この海戦で砲弾の破片を腹部に受けて名誉の負傷をしている。

その後、戦艦「比叡《ひえい》」艦長、連合艦隊参謀長、軍令部第一部長、軍令部次長、第二艦隊司

令長官などの要職を歴任した嶋田繁太郎は、昭和15（1940）年に大将に昇任した。軍令畑一筋の経歴に加えて、長身と端然たる風貌、重厚な挙措《きょそ》と丁重な言葉遣いなど、嶋田大将は提督《ていとく》としての威厳を兼ね備え、下僚からの信望も厚かった。

当時の海軍関係者の間では、軍政畑が長い山本五十六よりも、嶋田大将のほうが連合艦隊司令長官に適任という声が少なくなかったという。(注) その嶋田大将が、国運の賭けられた局面で畑違いの海軍大臣の地位に就いたのは込み入った経緯がある。

「海軍は開戦に反対だった」というイメージは虚構《きょこう》

陸軍が中国からの撤兵に断固反対し、対米戦争さえも辞さずとの強硬姿勢を取り続けたことで、昭和16（1941）年10月、第三次近衛文麿《このえふみまろ》内閣は総辞職するに至った。海軍側では次期首班を東久邇宮《ひがしくにのみや》陸軍大将と予想し、豊田副武《とよだそえむ》大将を海相に推薦する準備を進めたが、大命が降下したのは東條英機であった。

それまで近衛内閣の陸軍大臣を務めていた東條英機は、陸軍の立場を一歩も譲らずに近衛内閣を瓦解させた張本人であるが、その反面、皇室に対する忠誠心では誰にも引けを取らなかった。昭和天皇は、その東條英機によって陸軍の暴走を押さえ込み、対米戦争を回避しようとされたのだ。

この難局を陸海軍の協調によって乗り切ろうと考えた東條首相は、かねてから反陸軍感情が強いと定評があった豊田大将を忌避した。その結果、軍令畑で海軍省の勤務経験がない嶋田大将が急遽推挙されるに至ったのである。

嶋田海相は、就任早々に海軍首脳を集め、「東條内閣は戦争のための内閣ではない。一切を白紙に戻して検討し直す」と強調したにもかかわらず、結局は開戦に同意してしまったことで後世の厳しい批判を受けている。しかし、この件について筆者は同情的である。

現代では、「海軍は開戦に反対だった」というイメージが世間に流布しているが、これは史実に反している。昭和9（1934）年12月に軍縮条約の破棄を通告した時点で、海軍は対米衝突のコースに舵を切ってしまっていた。親独・反米英論者がずらりと揃った海軍省や軍令部の中堅幹部は、戦争に向かって着々と既成事実を積み重ね、昭和15（1940）年11月には、艦隊を戦時体制に切り替えるための出師《すいし》準備が発令されている。

巨大な歯車が動き出した時

なおも戦争回避の途《みち》を模索する嶋田海相に引導《いんどう》を渡したのが、伏見宮《ふしみのみや》元帥だった。伏見宮は皇族の最長老である上に、実に9年間の長きにわたって軍令部総長の座に君臨し、海軍部内において絶大な権威を有していた。その権威を濫用して海軍大臣の所掌《しょしょう》である人事にも介入し、対米協調を旨とする条約派将官に対する粛清《しゅくせい》人事を強行して、海軍を反米に塗り替えてしまった人物である。

その伏見宮が、「速やかに開戦しなければ戦機を逸する」と説得したことにより、昭和16（1941）年10月30日、ついに嶋田海相は戦争もやむなしと決意するに至った。この件について海軍関係者が嶋田海相に厳しい批判を浴びせたのは、皇族である伏見宮の責任を追及することができなかったためであろう。

余談であるが、伏見宮は終戦直前に死去した。もしも存命であったならば、戦後に皇族の戦争責任という極めて重大なテーマが浮上した可能性があると筆者は考えている。

海軍大臣として対米開戦に同意した責任は重い。しかし、いったん動き出した巨大な歯車を逆回転させるのは容易なことではない。あの時点では、どの将官が海相に就いていたとしても、戦争を回避できなかったのではないか。

連合艦隊司令長官の山本五十六が、その直前の10月24日付けで、嶋田海相に「大局より考慮すれば日米衝突は避けられるものなれば、此を避け此の際隠忍自戒臥薪嘗胆《いんにんじかいがしんしょうたん》すべき」との書簡を送ったことはよく知られている。

しかしこの書簡は、「それには非常な勇気と力とを要し、今日の事態にまで追込まれたる日本が果して左様に転機し得べきか、申すも畏《おそれおお》き事ながらただ残されたるは尊き聖断の一途のみと恐懼《きょうく》する次第に御座候」（傍点筆者）と続いている。戦争を防ぐのは天皇のご聖断以外にはない、要するに、万策尽き果てたと山本五十六自身が認めているのだ。

大局的に眺めれば、日独伊三国同盟が締結された昭和15（1940）年9月の時点で、もはや戦争は不可避となっていた。嶋田大将は、運命の巡り合わせで開戦を決断した海軍大臣という立場になっただけである。日本海軍が積み重ねてきた組織的な失敗の本質部分から目を逸らし、問題を属人的なものにすり替えてはいけない。

戦争が始まれば陸海軍協調は当然

嶋田海相に対しては、東條首相兼陸軍大臣との協調に努め、軍需物資の割り当てなどで陸軍に妥協的であったことも問題視されている。海軍部内では、「東條の副官」さらには「東條の男メカケ」と陰口を叩かれていたそうだ。しかし、この点についての批判は、明らかに見当違いである。

かねてから海軍と陸軍は事あるごとに角を突き合わせており、この悪癖は戦争が始まってからも一向に変わらなかった。「海軍にとって第一の敵は陸軍であり、その余力で米国と戦っている」と嘆かれたほどである。このような内部対立が、戦争の遂行に当たって障害となるのは言うまでもない。

嶋田海相が陸軍との融和に腐心《ふしん》したのはむしろ当然であり、それが批判の材料になると考えた輩のほうがどうかしている。さらに言えば、嶋田海相が一方的に追従していたわけでもない。東條首相の側も、国会で演説する際に「陸海軍」ではなく「海陸軍」という言葉を意識して用いるほど、海軍側に気を遣っていたのである。

戦後、嶋田繁太郎は東京裁判の被告席に座り、終身禁固刑の宣告を受けた。その時の獄中記が先年発見されたので、その一部を紹介することにしよう（日本経済新聞2009年5月4日記事より）。

「私の衷心から喜んで居ることは、本裁判に依り戦時中から敵の宣伝の為に大いに歪曲され来った我国の立場を匡正《きょうせい》して事実を闡明《せんめい》する機会を得た点である」

「裁判の判決は戦勝国の随意であり、私の関心しないことである。唯だ事実の真相が正確に決定されるのは将来の歴史家に俟《ま》つの外なく、之に対して此の裁判資料は後世に有力な資料としての好文献になり得るものと信ずる」

「（近衛元首相や杉山《すぎやま》元陸相が行なった）自刃は適当と思はれない。尚ほ失敗の原因を明かにして将来の教訓を残し、『ポツダム』宣言の矢面《やおもて》に立つの義務があった」

これらの言葉に、嶋田繁太郎の歴史観や指導者としての姿勢がよく表われており、並々ならぬ人物であったことがうかがえる。「人物の評価はその棺が蓋《おお》われるまではわからない」という言葉がある。しかし嶋田海相のケースを見る限り、その墓石が苔《こけ》むした段階でも、公平な評価がなされるとは限らないようだ。

（注）

軍令・軍政の区別、あるいは海軍部内の艦隊派・条約派の分裂について興味のある読者は、拙著『「まずい!!」学　組織はこうしてウソをつく』（祥伝社新書）の第3章第二節をご参照いただきたい。

主要参考文献・資料

第1章　電気事業連合会（2011）『国内BWRプラントの非常用電源設備の配置について』

東京電力福島原子力発電所における事故調査・検証委員会（2011）『中間報告』

第2章　ウ・ソックン（2014）『降りられない船　セウォル号沈没事故からみた韓国』クオン

郭東起（2014）『セウォル号の「真実」』竹書房

第3章　大塚仁ほか編集（1988）『大コンメンタール刑法　第4巻』青林書院

第4章　トムラウシ山遭難事故調査特別委員会（2010）『トムラウシ山遭難事故調査報告書』

羽根田治（２００３）『ドキュメント気象遭難』山と渓谷社
羽根田治・飯田肇・金田正樹・山本正嘉（２０１０）『トムラウシ山遭難はなぜ起きたのか　低体温症と事故の教訓』山と渓谷社
株式会社オリエンタルランド（２０１２）『東京ディズニーシー「レイジングスピリッツ」における事故原因および再発防止策について』
大宮ひろ志（２００１）『そこが変だよ自衛隊！』光人社

第５章
大山柏（１９６８）『戊辰役戦史』時事通信社

第６章
パウル・カレル（２００１）『捕虜』学習研究社
アルフレッド・プライス（１９９３）『最後のドイツ空軍』手島尚訳　朝日ソノラマ
ウイリアムソン・マーレイ（２００８）『ドイツ空軍全史』手島尚訳　学習研究社
松代守弘（２００７）「ドイツ軍用機の生産体制と生産の実際」『［図説］ドイツ

空軍全史』学習研究社

サミュエル・W・ミッチャム（2008）『ヒットラーと鉄十字の鷲』手島尚訳　学習研究社

伊藤正徳（1998）『帝国陸軍の最後　5終末編』光人社

初出

『日経コンピュータITpro』（日経BP社）

『安全と健康』（中央労働災害防止協会）

『捜査研究』（東京法令出版）

切りとり線

★読者のみなさまにお願い

この本をお読みになって、どんな感想をお持ちでしょうか。祥伝社のホームページから書評をお送りいただけたら、ありがたく存じます。今後の企画の参考にさせていただきます。また、次ページの原稿用紙を切り取り、左記まで郵送していただいても結構です。

お寄せいただいた書評は、ご了解のうえ新聞・雑誌などを通じて紹介させていただくこともあります。採用の場合は、特製図書カードを差しあげます。

なお、ご記入いただいたお名前、ご住所、ご連絡先等は、書評紹介の事前了解、謝礼のお届け以外の目的で利用することはありません。また、それらの情報を6カ月を越えて保管することもありません。

〒101-8701（お手紙は郵便番号だけで届きます）
祥伝社新書編集部
電話03（3265）2310
祥伝社ホームページ　http://www.shodensha.co.jp/bookreview/

★本書の購買動機（新聞名か雑誌名、あるいは○をつけてください）

＿＿＿＿新聞の広告を見て	＿＿＿＿誌の広告を見て	＿＿＿＿新聞の書評を見て	＿＿＿＿誌の書評を見て	書店で見かけて	知人のすすめで

★100字書評……悪魔は細部に宿る──危機管理の落とし穴

名前

住所

年齢

職業

樋口晴彦　ひぐち・はるひこ

1961年、広島県生まれ。東京大学経済学部卒業後、上級職として警察庁に勤務。愛知県警察本部警備部長、四国管区警察局首席監察官のほか、外務省情報調査局、内閣官房内閣安全保障室に出向。ペルー大使公邸人質事件、ナホトカ号重油流出事件、オウム真理教事件、東海大水害など様々な危機管理に従事。現在、警察大学校教授として、危機管理分野を担当。米国ダートマス大学MBA、博士（政策研究）。危機管理システム研究学会常任理事、失敗学会理事。著書は、『組織行動の「まずい!!」学』『組織の失敗学』『レイテ決戦』など多数。

悪魔《あくま》は細部《さいぶ》に宿《やど》る
――危機管理《ききかんり》の落《お》とし穴《あな》

樋口晴彦《ひぐちはるひこ》

2015年6月10日　初版第1刷発行

発行者……………竹内和芳
発行所……………祥伝社《しょうでんしゃ》
〒101-8701　東京都千代田区神田神保町3-3
電話　03(3265)2081(販売部)
電話　03(3265)2310(編集部)
電話　03(3265)3622(業務部)
ホームページ　http://www.shodensha.co.jp/

装丁者……………盛川和洋
印刷所……………萩原印刷
製本所……………ナショナル製本

Printed in Japan　ISBN978-4-396-11421-3　C0234